清 华 大 学 《 资 本 论 》 与 当 代 问 题 研 究 中 心

# 清华
# 政治经济学报
## Tsinghua Review of Political Economy

第3卷　　　　Vol.3

社会科学文献出版社
SOCIAL SCIENCES ACADEMIC PRESS (CHINA)

# 目 录
## CONTENTS

经济理论研究

# 资源环境领域中的"负价值"及其决定模型[*]

马 艳 严金强 陈张良[**]

**摘 要** 由于缺少科学的理论基础,资源环境经济学中的价值决定问题一直是困扰人们的理论难题。马克思的劳动价值论可以作为资源环境经济学中价值决定,特别是污染物定价问题的理论基础。本文通过在联合生产的框架下引入"负价值"概念,在对负价值产生机制进行分析的基础上,分别构建联合生产条件下同质厂商和异质厂商情况下的"负价值"决定模型,以此作为污染物定价的基本原则。本文认为,任何一个生产过程都可以被看作会带来污染物的联合生产过程,而污染物的定价基础是清除污染所耗费的社会必要劳动时间,污染物的价值会直接影响到商品的价值。

**关键词** 环境经济学 联合生产 负价值

## 一 引言

人类进入资本主义社会以来,在物质资料生产上取得了超过过去一切时代的巨大成就,但是这一成就的取得在很大程度上依赖于对大自然的掠夺。人类对自然环境的过度利用,造成了大量的环境破坏和生态问题。这些问题从 20 世纪六七十年代开始逐步被一部分有识之士所认识,比如美国生物学家雷切尔·卡森(Rachel Carson),她撰写的《寂静的春天》[①] 一书引领了现代意义上的环境保护主义运动。同时在经济学界,以自然资源开发和自然环境保护为主要研究对象的环境经济学也在这一时期开始兴起,并得到长足的发展。

这一新兴的经济学科对正处在发展关键阶段的中国有着极强的现实意义。自 1978 年开始,中国经历了长达 30 多年的经济高速增长时期。伴随着经济建设取得的巨大成就,中国的自然环境不可避免地出现了严重地退化。时至今日,自然环境的恶化已经

---

[*] 本文是国家社科基金重点项目——"现代政治经济学重大前沿问题的理论与实证研究"(12AJL003)的阶段性成果;教育部人文社会科学一般项目——"基于风电产业链的新能源价格政策研究"(13YJCZH219)的阶段性成果。

[**] 马艳(1956~),女,吉林通化人,上海财经大学经济学院教授,博士生导师;严金强(1983~),男,浙江衢州人,复旦大学社会科学基础部讲师;陈张良(1988~),男,上海人,上海财经大学经济学院博士研究生。

[①] Carson, R., *Silent Spring* (Houghton Mifflin Company, 1962).

日益成为妨碍中国经济进一步增长的瓶颈。如何处理好经济发展与环境保护之间的关系已经成为中国面临的重大课题。环境经济学势必要为我们攻克这一课题提供科学的理论指导。

随之而来的问题是中国特色的"环境经济学"应该建立在何种理论基础之上，是建立在新古典主义的"外部性理论"基础上，抑或是建立在激进生态主义的"环境至上论"基础上，还是建立在马克思主义的科学"劳动价值论"基础上？我们认为源于中国现实，指导中国实践，有中国特色的"环境经济学"只能建立在马克思主义的科学"劳动价值论"基础上。原因在于不管是新古典主义还是激进生态主义都不可能为其提供理论基础，首先是新古典主义经济学，它之所以不合格是由中国的社会主义性质所决定的。这种带有明显的新自由主义倾向的经济学不能成为指导我国社会主义实践的基础性理论。其次是激进生态主义，激进生态主义者提出的所谓"零增长"，甚至"负增长"的经济政策不符合中国作为发展中国家的现实国情。经济发展在未来很长一段时间内还将继续作为提高我国人民生活水平的最重要途径，靠限制增长来保护环境不是中国的理性选择。

国内外许多学者都曾尝试在马克思主义视角下分析环境问题。以美国学者福斯特（J. B. Forster）等人为代表的欧美生态马克思主义者（Ecological Marxism）就是进行这种尝试的重要力量。生态马克思主义者主要进行两方面的工作，一方面他们挖掘马克思等经典作家的生态经济思想，比如福斯特的名著《马克思的生态学》[1] 就是这类研究的典范。另一方面他们指出由于资本对剩余价值无止境地追逐而造成的资本主义生产的无限扩大是造成世界范围内生态危机的症结所在。[2] 一些亚洲国家的学者也进行过一些尝试，比如日本经济学家都留重人所编的《现代资本主义的公害》[3]、《公害的经济学》[4] 两书是他将马克思主义政治经济学基本原理用于分析当时对日本社会造成重大影响的"公害问题"（即造成重大社会危害的工业污染泄漏事件）的理论成果。在国内研究方面，许涤新早在 20 世纪 80 年代中期就开始关注我国的环境问题[5]，并建立了中国生态经济学会，开始了运用政治经济学原理研究我国生态问题的探索。刘思华的《生态马克思主义经济学原理》[6]、刘静暖的《自然力经济学》[7] 则代表了我国这一类研

---

① Foster, J. B., *Marx's Ecology: Materialism and Nature* (Monthly Review Press, 2000).
② Magdoff, F., Foster, J. B., Buttel, F. H., *Hungry For Profit: The Agribusiness Threat to Farmers, Food, and the Environment* (Monthly Review Press, 2000).
③ 都留重人编《现代资本主义と公害》，岩波书店，1968。
④ 都留重人：《公害の政治经济学》，岩波书店，1972。
⑤ 许涤新：《生态经济学探索》，上海人民出版社，1985。
⑥ 刘思华：《生态马克思主义经济学原理》，人民出版社，2006。
⑦ 刘静暖：《自然力经济学》，长春出版社，2010。

究的最新成果。

但是，这些研究从分析方法上看，表现出过度依赖哲学的特点，纯正的经济学方法使用的反而很少，使得这些分析缺乏扎实的经济学基础。此外，偏重定性研究，缺乏定量分析，也是其研究方法上的局限性。造成这些局限的原因很多，但究其根本，无外乎这些研究都没有真正地建立在马克思主义政治经济学的基石，即劳动价值论的基础之上。缺了劳动价值论这个基础，生态马克思主义经济学也就很难获得深入分析、定量分析所必需的理论工具了。

不难发现，构建环境经济学的劳动价值论基础的最大难点在于回答以下问题："如何界定污染物的劳动价值"，或者说"污染物是否具有负价值"。少数研究者曾尝试对这一问题给出回答，比如刘静暖[①]提出"（污染物的）负价值是反效劳动在产品中的凝结，是对人类正价值的抵消"。但是，这些尝试一般不能得到学术界的认可，究其原因我们认为关键在于它们局限在单一生产的假定前提下讨论问题。一旦突破单一生产的局限，在联合生产视角下许多问题就会豁然开朗。基于此，本文将从联合生产的内涵出发，尝试通过构建数学模型探讨联合生产条件下"负价值"的决定问题。

## 二 联合生产及其在环境经济学中的含义

在经济学中，联合生产（Joint Production）至少有以下三种含义。

一是指一个追求利润最大化的企业同时生产两种不同的产品，这两种产品的生产流程不完全相同但是可以相互借鉴和利用，因而同时生产两者的成本低于两个分别生产这两种产品的企业的成本之和。这是一个涉及企业生产决策的概念。

二是指多个经济主体合作进行某种产品的生产，并按照各自贡献得到相应回报的生产组织形式。这是一个合作博弈的概念，涉及对不同参与主体所做贡献的测度以及合理报偿机制的构建问题。

三是指在一个生产过程中有两个或两个以上产品被生产。它是对"单一生产"假设（即在一个生产过程中只有一种产品被生产）的拓展。这是一个涉及生产过程的基础性假设。本文正是基于这种"联合生产"含义的分析。

关于联合生产还有两点应该引起注意：①联合生产的各种产品不一定都是合意产品，可能除了合意产品外，还包含对社会有害的不合意产品，比如在生产电力这种合意产品时，不可避免地要联合生产出各种废气、废水等不合意产品。②联合生产条件下某些产品的生产可能不是出于生产者的原始动机。利用上例容易理解这一点，作为

---

① 刘静暖：《自然力经济学》，长春出版社，2010，第 190～194 页。

合意产品的电力是生产者进行生产的动机，但是，各种污染物显然不是生产者故意为之，而是受制于生产技术的局限。

"联合生产"作为一种经济现象在日常生活中是随处可见的，比如羊毛与羊肉、酒与酒糟、钢铁与焦炭，等等。①经济学家也很早就关注到这一点，包括斯密在内的古典经济学家都曾讨论过这一问题。② 但是赋予这一概念现代含义的是冯·诺依曼③以及斯拉法④的研究，特别是斯拉法的《用商品生产商品》一书激发了经济学家研究联合生产问题的巨大热情。

其中，最有代表性也最具争议的研究是由斯蒂德曼基于联合生产概念提出，所谓"负价值与正价格并存"，"负剩余价值与正利润并存"的"斯蒂德曼诘难"⑤ 这一诘难直接以马克思主义的科学劳动价值论为攻击对象，在国际上引起很大反响。之后，马克思主义经济学家森岛通夫⑥、沃尔福斯塔⑦、伊藤诚⑧、塔克⑨以及国内学者白暴力⑩、张忠任⑪、余斌⑫、冯金华等⑬、马艳等⑭从不同角度对"斯蒂德曼诘难"进行了批判。

"联合生产"概念最具现实意义的应用应该是与环境经济学相结合，为环境经济学提供新的理论基础，这方面的开创性工作由 Baumgärtner 等人做出。⑮ Baumgärtner 等人的

---

① 更多联合生产的实例可以参见 Steedman, I., "The Empirical Importance of Joint Production", in Ch. Bidard (ed) La Production Jointe (Nouveaux Debats, 1984).

② Kurz, H., "Classical and Early Neoclassical Economists on Joint Production", *Metroeconomica* (38), 1986, pp. 1 – 37; Baumgärtner, S., *Ambivalent Joint Production and the Natural Environment* (Physica – Verlag, 2000).

③ von Neumann, J., "A Model of General Economics Equilibrium", *Review of Economics Studies* (13), 1945 ~ 1946, pp. 1 – 9.

④ Sraffa, P., *Production of Commodities by Means of Commodities* (Cambridge University Press, 1960).

⑤ Steedman, I., "Positive Profits with Negative Surplus Value", *Economics Journal* (85), 1975, pp. 114 – 123.

⑥ Morishima, M., "Positive Profits with Negative Surplus Value – A Comment", *Economics Journal* (86), 1976, pp. 599 – 603.

⑦ Wolfstetter, E., "Positive Profits with Negative Surplus Value: A Comment", *Economics Journal* (86), 1976, pp. 864 – 872.

⑧ Itoh, M., "Joint Production: The Issues After Steedman", in Steedman et al. (Verso, 1981).

⑨ Toker, M. A., "A Note on the 'Negative' Quantities of Embodied Labour", *Economics Journal* (94), 1984, pp. 149 – 154.

⑩ 白暴力：《价值价格通论》，经济科学出版社，2006。

⑪ 张忠任：《数理政治经济学》，经济科学出版社，2006。

⑫ 余斌：《从斯蒂德曼的非难看劳动价值理论及价值转形问题的计算》，《教学与研究》2007 年第 3 期。

⑬ 冯金华、侯和宏：《负剩余价值和正利润可以同时存在吗——破解斯蒂德曼的联合生产之迷》，《中国人民大学学报》2011 年第 3 期。

⑭ 马艳、严金强、陈张良：《资源环境领域中"负价值"的理论界定与应用模型》，《财经研究》2012 年第 11 期。Ma Yan, Yan Jinqiang, "The Theoretical Context of the Arguments On Steedman's Critique and the New Explanation of 'Negative Value'", *World Review of Political Economy* (4), 2012.

⑮ Baumgärtner, S., *Ambivalent Joint Production and the Natural Environment* (Physica – Verlag, 2000). Baumgärtner, S. et al., "The Concept of Joint Production and Ecological Economics", *Ecological Economics* (36), 2001, pp 365 – 372.; Baumgärtner, S. et al., *Joint Production and Responsibility in Ecological Economics* (Edward Elgar, 2006).

研究通过考虑生产过程对自然环境的影响，提出一切生产活动本质上都是联合生产过程。Baumgärtner 关于发电厂的实例很好地解释了这一点，见图1。

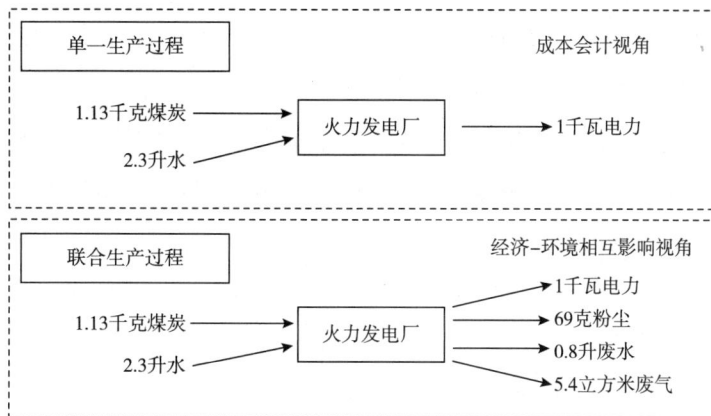

**图1 发电厂的联合生产示意**

资料来源：Baumgärtner, S., *Ambivalent Joint Production and the Natural Environment*, Physica – Verlag, 2000, p. 174。

图1表明：从不同视角观察同一生产过程，既可以将其看作"单一生产"，又可以看作"联合生产"。从成本会计的视角来看，火力发电的唯一产品是电力，其生产过程属于"单一生产"范畴，这是传统经济学的一般假设。如果考虑经济活动的环境影响，火力发电的产品除电力以外还包括粉尘、废水、废气等污染物，属"联合生产"范畴。

Baumgärtner 等人的研究表明"联合生产"的概念天然地与环境经济学强调经济活动环境影响的宗旨相关联。但是，他们的研究依然停留在生产技术层面，没有进一步挖掘其中更深层次的经济学理论价值。我们认为"联合生产"概念完全可以拓展到经济学的各个领域，在本文中我们将运用这一概念对劳动价值论进行扩充和创新，提出"负价值"的概念。

## 三 资源环境领域中"负价值"的概念界定

基于劳动价值论的"负价值"概念虽然已经有学者提出，但是理论界对这些概念却不认可。究其原因在于这些概念在逻辑上有自相矛盾之处。反对者指出：不可能有劳动会创造出"负价值"，或者说产品生产者不可能付出劳动生产包含"负价值"的产品，因为付出在其中的劳动得不到社会的承认，故而产品生产者也得不到补偿。[①] 毫

---

① 事实上，社会甚至会惩罚生产具有"负价值"产品的生产者。

无疑问，在单一生产中以上情况的确是不可能发生的，但是在联合生产条件下却完全有可能发生。比如在 Baumgärtner 的发电厂例子中，生产者投入原材料和劳动所希望生产的是电力，但是受制于技术条件，实际生产出的除了电力以外还包括各种污染物。如果说根据传统劳动价值论可以认为电力具有正价值，那么各种污染物就可能被认为具有"负价值"。

因此，"负价值"只能在联合生产条件才有可能出现，其内涵也只能在联合生产条件下得到认识。在单一生产与联合生产之间建立对应关系，有助于增进对"负价值"概念的理解。图 2 是两者对应关系的简单示意图。

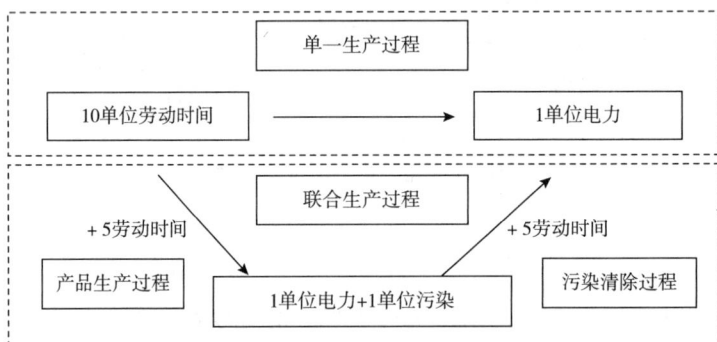

**图 2　单一生产与联合生产对应关系示意**

图 2 上半部虚线框中的内容表示单一生产过程。出于简化目的，假设生产过程中只使用劳动，即使用 10 单位劳动时间生产 1 单位电力（即具有正使用价值的产品）。单一生产过程中有两点值得注意：①单一生产条件下，不可能有负价值存在。如前文所定义，"负价值"与"负使用价值"相联系，而单一生产的目标只能是生产一种具有"正使用价值"，即对社会有用的产品，不存在单纯生产"负使用价值"，即对社会有害的产品的生产活动，理性的产品生产者不具有这样做的动机。① ②产品的价值量不存在确定上的困难，可以简单地由生产它们所花费的劳动时间确定。以图 2 为例，1 单位电力的价值即为 10。

图 2 下半部虚线框中的内容表示联合生产过程。考虑生产过程对自然环境的影响，单一生产过程就转变为联合生产过程。任何生产过程势必对自然环境产生负面影响。②将这种"负面影响"概念化为一种称为"污染"的产品，即得到图 2 下半部左侧的"产品生产过程"，这一子过程同时生产出两种"产品"——"电力"及其副产品"污

---

① 这里应该假设市场信息对称，即具有"负使用价值"的商品不可能被包装成具有"正使用价值"的商品，如生产假药、有毒食品等情况应该排除在外。

② 清洁的生产过程至多只是较少地对环境造成破坏。热力学定理表明完全不对环境产生负面影响的生产过程并不存在。

染"。这时生产过程并没有结束，为使生产过程的最终产品集合中只包含"电力"一种产品，[1] 必须紧接着执行"污染清除过程"（见图 2 下半部右侧），这一子过程的作用是清除"电力"生产的副产品——"污染"。该过程本身不生产任何新的产品。但是，这一子过程作为生产过程的自然延续，在其中花费的劳动显然是创造价值的。

联合生产条件下商品价值量的决定会面临两方面的问题：一方面，由于生产子过程的联合生产性质，仅依赖该子过程不能确定单独一种商品的价值量。比如在本例中，"电力"的价值不能被认为等于"产品生产过程"中投入的 5 单位劳动时间。另一方面，尽管投入净化过程的劳动必然创造价值，但是这些价值又因为该子过程不产生新产品而找不到其所能依附的使用价值。[2] 但是当我们把两个过程结合起来，这两个问题就能一并得到解决。使用联合生产的一般表示法，可以将图 2 中的联合生产过程表示为表 1。

**表 1　联合生产过程的一般表示**

| | 投　入 | | | 产　出 | |
|---|---|---|---|---|---|
| | 劳　动 | 污　染 | | 电　力 | 污　染 |
| 生产过程 | 5 | 0 | → | 1 | 1 |
| 净化过程 | 5 | 1 | → | 0 | 0 |
| 总　计 | 10 | 1 | | 1 | 1 |

不难计算，[3]"电力"的价值为 10，而"污染"的价值为 -5，即负价值。在联合生产条件下，商品的价值量取决于在整个生产过程（包括"产品生产"和"污染清除"两个子过程）中投入的总劳动时间。同时，"电力"的价值与其在单一生产过程中决定的量相等的事实说明：将单一生产过程重新表述为相应的联合生产过程后，商品价值量由生产其所耗费的劳动量决定的规律依然成立。联合生产过程不过是把总的劳动时间在两个生产工序中重新进行分配而已。

与单一生产过程不同，在联合生产条件下可以有"负使用价值"存在，因而也可以有相对应的"负价值"存在。"污染"这种"负使用价值"不是生产活动的目的，只是作为"正使用价值"生产过程中的"副产品"存在，是生产技术的局限造成的。

---

[1] 要求生产过程的最终产品中只包含"电力"，是出于分析单一生产与联合生产之间对应关系的需要。现实中，污染净化过程不必要也不可能完全将产品生产过程中造成的污染清除，企业一般根据国家法律的规定进行部分清除。根据我们的方法，部分清除并不影响污染物负价值的决定。

[2] 净化过程类似于《资本论》第二卷中讨论的运输业，马克思认为运输业是创造价值的，且这些价值要追加到商品价值中去，下面我们将会看到净化过程中创造的价值也要追加到产品价值中。

[3] 假设电力的价值为 $l_1$，污染的价值为 $l_2$，从生产过程有 $l_1 + l_2 = 5$，从净化过程有 $5 + l_2 = 0$，联立两式即可。

因此可以得出结论，"负价值"的质的规定性是在生产有用商品的过程中为了将有害的污染清除而投入劳动的凝结。联合生产允许有"负使用价值"存在，因而为"负价值"的存在提供了可能性。同时，注意"负价值"量的大小由净化过程中所耗费的劳动量决定，即由为修复"污染"对自然环境所造成的损坏而投入的劳动量①决定，为修复其造成的损害而投入的劳动量越大，"负价值"的量也就越大。因此可以得出结论，"负价值"的量的规定性是与清除它所必须付出的劳动量相联系的，表现为清除过程中所付出的社会必要劳动时间的多少。

## 四 基于劳动价值论的联合生产"负价值"决定模型

以上的分析表明，联合生产中污染物的"负价值"可以用清除污染或修复环境所耗费的劳动量进行度量，即以清除和修复过程中耗费的社会必要劳动时间来表示。为了将这一量的决定原则一般化，下面构建基于劳动价值论的联合生产"负价值"决定模型。该模型基于以下几个假定条件。

假定 1：存在两个生产过程：产品生产过程和污染清除过程。

假定 2：产品生产过程有联合生产性质，在生产出产品的同时，产生污染。

假定 3：污染清除过程可以清除产品生产过程中造成的污染，但不生产产品。

在以上三个假定条件下，为了便于推导"负价值"决定公式，首先需要对联合生产过程进行数理表达。由于联合生产的特征是一个生产过程存在两种产出：合意的，或者说有正的使用价值的产品；有害的，或者说有负的使用价值的污染品。因此，需要对一般意义上的生产函数进行扩展，运用"对应"来表述存在联合生产的生产活动。在联合生产条件下，我们使用 $R^2 \mapsto R^2$ 的映射，即从数学上讲，"对应"的概念描述生产过程，即

$$f_p(K_p, L_p) = \{Q_y, Q_{pp}\}$$

其中，$K_p$ 表示在生产过程中使用的资本，$L_p$ 表示在生产过程中使用的劳动，$Q_y$ 表示生产的产品量，$Q_{pp}$ 表示造成的污染量。有别于函数只允许返回一个值，"对应"允许返回一组值，在我们的例子中生产对应 $f_p$ 会告诉我们生产出的产品量和造成的污染量分别是多少。

同样地，污染清除过程也可以用对应的概念加以描述：

$$f_c(K_c, L_c) = \{0, -Q_{pc}\}$$

---

① 更准确地说，由用于修复其损害而必须投入的社会必要劳动时间决定。

其中，$K_c$ 表示在污染清除过程中使用的资本，$L_c$ 表示使用的劳动。我们假定污染清除过程不产出任何产品，因此用 0 表示该过程的产品量。$Q_{pc}$ 表示该过程清除掉的污染量，为了和造成的污染量相区别，我们在 $Q_{pc}$ 之前加上负号。

现实中企业会依次进行以上两个过程，因此可以用一个总和的生产"对应"来加以描述：

$$F(K_p + K_c, L_p + L_c) = \{Q_y, Q_{pp} - Q_{pc}\}$$

如果在生产过程中产生的污染物被完全清除，即有 $Q_{pp} = Q_{pc}$ 成立，则生产"对应"退化为一个常见的生产函数：

$$F(K_p + K_c, L_p + L_c) = Q_y$$

但是根据生态经济学原理，我们知道完全清除污染是不可能的（或者说成本是无穷大的），因此在现实生活中，政府会设定一个污染物存在的上限，记为 $\overline{Q}_p \equiv \alpha Q_{pp}$（$0 < \alpha < 1$）。即生产过程造成的污染中的一部分（即 $\alpha Q_{pp}$）被允许存在，而剩余的部分［即 $(1-\alpha) Q_{pp}$］必须被清除。因此在考虑部分清除污染这一更加现实的情况时，生产"对应"的概念仍然是必要的。

$$F(K_p + K_c, L_p + L_c) = \{Q_y, \overline{Q}_p\}$$

1. 同质厂商条件下的"负价值"决定模型

首先，讨论最简单的情况，社会中存在 $n$ 个同质的厂商。因为厂商是同质的，所以每个厂商所生产的产品的个别价值就等于社会价值，因此可以用一个代表性厂商来代替整个行业。为了方便分析，假定产品生产过程和污染清除过程投入的资本量为零，即 $K_c = K_p = 0$。根据劳动价值论，容易列出下面方程组：

$$Q_y w_y + Q_{pp} w_p = L_p$$
$$- Q_{pc} w_p = L_c$$

其中，$Q$ 和 $L$ 的定义如上文，$w_y$ 是指商品的价值，$w_p$ 是指污染物的价值。求解该方程组得到以下解：

$$w_p = -\frac{L_c}{Q_{pc}}; w_y = \frac{L_p + (Q_{pp}/Q_{pc})L_c}{Q_y}$$

讨论 $Q_{pp}$ 与 $Q_{pc}$ 的关系，可以帮助我们简化以上解的形式。注意 $Q_{pp}$ 与 $Q_{pc}$ 的关系由法定的排污上限决定。因为，$(1-\alpha) Q_{pp}$ 的污染物必须清除，所以有 $Q_{pc} = (1-\alpha) Q_{pp}$ 成立。方程组的解可以改写为：

$$w_p = - \frac{L_c}{Q_{pc}} ; w_y = \frac{L_p + AL_c}{Q_y} \qquad (1)$$

其中，$A \equiv 1/1 - \alpha$。式（1）表明：污染物的负价值量取决于清除该污染物需要耗费的劳动量。它之所以取负值，是由于这些与污染物相关的劳动耗费的目的不同于一般产品，在一般产品的生产中，耗费劳动是为了生产产品，因为劳动凝结在产品上，所以使产品具有正价值。而在这里耗费劳动是为了清除污染物，而非生产它，如果污染物不存在，这些劳动根本无须耗费，正是因为产品生产过程的联合生产性质，在产品生产的过程中造成了污染，社会才不得不耗费劳动去清除它。如果说当某物不存在的时候，为了创造它花费的劳动，形成其"正价值"的话，当某物已经存在的情况下，为了清除它花费的劳动，也就可以认为形成了其"负价值"。

同时，式（1）还表明：产品的价值量取决于生产该产品需要耗费的劳动量加上为了达到法定排污标准需要耗费的用于清除污染物的劳动量之和，也就是说清除污染物劳动实际上最终凝结在与污染物联合生产出来的那种产品上面。

讨论 $\alpha$ 为两个极端值的情况，可以为模型提供更丰富的经济含义。首先，考虑 $\alpha = 0$ 的情况，这时政府不允许任何污染物的留存，所有的污染物 $Q_{pp}$ 都必须清除，有 $Q_{pc} = Q_{pp}$ 成立，污染物与产品的价值分别为 $w_p = -L_c/Q_{pc}$；$w_y = L_p + L_c/Q_y$。

其次，考虑 $\alpha = 1$ 的情况，这时 $A$ 无定义（因为分母为 0），式（1），即解的一般形式，不能适用。但是，通过考虑其经济含义不难得到产品和污染物的价值量。在此种情况下，法定的减排目标为 0，没有任何污染物必须清楚，没有厂商会进行污染清除过程。由于耗费在清除这一污染物上的劳动量为 0，所以污染物的价值为 0。这个结论可能令人惊奇，但是如果我们严格遵照污染物价值量的规定性，即耗费在清除这一污染物上的社会必要劳动时间（在这里就等于 0）的多少，不难发现合乎逻辑的结论也只能如此。因此，污染物与商品的价值在 $\alpha = 1$ 的情况下，分别为 $w_p = 0$；$w_y = L_p/Q_y$。

在得到产品和污染物的单位价值量的基础上，可以计算两者的交换价值：

$$\frac{w_y}{w_p} = - \frac{L_p + AL_c}{L_c} \cdot \frac{Q_{pc}}{Q_y}$$

设代表性厂商的污染强度，即生产单位产品造成的污染量为 $\beta \equiv Q_{pp}/Q_y$，上式可以进一步化简为：

$$\frac{w_y}{w_p} = - \frac{L_p + AL_c}{L_c} \cdot \frac{Q_{pc}}{Q_{pp}} \cdot \frac{Q_{pp}}{Q_y} = - \left( \frac{L_p}{L_c} + A \right) \frac{\beta}{A} \qquad (2)$$

式（2）表明：首先，注意到污染物与产品之间的交换价值取决于生产一单位产品所需耗费的劳动量和清除一单位污染物所需耗费的劳动量的比值，这一点与两种正常产品的交换价值取决于生产它们所需耗费的劳动量之比的情况十分类似。其次，与正常产品的情况不同的是在这里交换价值也是负数，这是因污染物具有"负价值"而造成的。在现实生活中，应该把这种负交换价值理解为：制造污染的企业（如造纸厂）向清除污染的企业（如污水处理厂）支付的用于购买污染物清除服务的费用，或者说是污染物清除服务的价格。最后，注意到政府干预的因素，即法定污染上限（公式中的 $A$）以及技术因素，即企业的污染强度（公式中的 $\beta$）；如果政府放松对污染企业的管制，即调高污染上限水平，根据式（2），我们发现污染物清除服务的价格（即污染物的负交换价值）将下降。如果企业采用了降低污染强度的新技术也会达到同样的效果。相反，如果政府加强管制，或者由于某种原因企业的污染强度上升，污染物清除服务的价格则会上升。

注意当 $\alpha = 1$ 时，不能使用式（2），即在法定污染上限为 1 的情况下交换价值不能用式（2）求出。但是根据之前的讨论我们不难得出结论，在此种情况下没有清除污染物的必要，因此没有厂商会购买清除污染物的服务。换言之，交换不会发生，所以也就不存在所谓交换价值。

2. 异质厂商条件下的"负价值"决定模型

下面我们放宽厂商的同质性假设，分析存在 $n$ 个劳动生产率不同的厂商的情况。这时产品和污染物的社会价值由全部 $n$ 个厂商的个别价值加权平均形成。

$$w_y^s = \frac{\sum_{i=1}^{n} Q_y^i w^y}{\sum_{i=1}^{n} Q_y^i}; w_p^s = \frac{\sum_{i=1}^{n} Q_p^i w_p^i}{\sum_{i=1}^{n} Q_{pc}^i}$$

注意上文中的式（1）虽然是针对代表性厂商提出的，但是由于代表性厂商的一般性，每个厂商计算其个别价值时该式一样是成立的。因此当 $\alpha \neq 1$ 时，可以把式（1）代入上面两个社会价值的表达式，[①] 得到：

$$w_p^s = -\frac{\sum_{i=1}^{n} L_c^i}{\sum_{i=1}^{n} Q_{pc}^i}; w_y^s = \frac{\sum_{i=1}^{n} (L_p^i + AL_c^i)}{\sum_{i=1}^{n} Q_y^i} \tag{3}$$

根据上文的分析，我们知道当 $\alpha = 1$ 时，$A$ 没有定义，因此式（3）不能适用，必须单独讨论。这时，根据定义我们有污染物的价值 $w_p^s = 0$，同时有 $w_y^s = \frac{\sum_{i=1}^{n} L_p^i}{\sum_{i=1}^{n} Q_y^i}$ 成立。

---

① 严格而言，应该是将 $Q_{pc}^i w_p^i = -L_c^i$；$Q_y^i w_y^i = L_y^i + AL_c^i$，对于所有的 $i = 1, \cdots, n$ 代入。

同样地，我们也可以计算当厂商存在异质性时产品与污染物的交换价值。通过假设所有的 $n$ 个厂商的污染强度都相等，即 $Q_{pp}^i / Q_y^i \equiv \beta^i = \beta$，对于所有的 $i = 1, \cdots, n$。我们可以得到一个与式（2）相类似的表达式：

$$w_y^s = -\frac{\sum_{i=1}^n (L_p^i + AL_c^i)}{\sum_{i=1}^n L_c^i} \cdot \frac{\sum_{i=1}^n Q_{pc}^i}{\sum_{i=1}^n Q_{pp}^i} \cdot \frac{\sum_{i=1}^n Q_{pp}^i}{\sum_{i=1}^n Q_y^i} = -\left(\frac{\sum_{i=1}^n L_p^i}{\sum_{i=1}^n L_c^i} + A\right)\frac{\beta}{A} \quad (4)$$

比较式（1）与式（3）以及式（2）与式（4），可以发现，在引入厂商异质性之后，我们的基本结论没有发生本质性变化，唯一的不同是 $\sum_{i=1}^n L_p^i$ 和 $\sum_{i=1}^n L_c^i$ 取代了之前 $L_p$ 和 $L_c$ 的位置，这意味着产品和污染物的社会价值以及它们之间的交换价值取决于社会在产品生产和污染清除两个过程中投入的总劳动量之比。

另外，不难看出上文在同质性厂商情况下得到的：当 $\alpha = 1$ 时，交换价值不存在的结论，在这里依然成立。

# 市场经济中的竞争
## ——马克思主义经济学和演化经济学比较研究

孟　捷　向悦文*

**摘　要**　当代演化经济学的发展为马克思主义经济学提供了许多值得借鉴的新理论和新观点。本文从三个方面对马克思主义经济学和演化经济学的竞争理论进行了比较研究，探讨了将演化经济学的相关理论和观点与马克思主义经济学相综合的可行性。本文首先回顾了演化经济学的知识分立理论，并由此出发，对如何进一步发展马克思的部门内竞争理论进行了探讨；其次，本文梳理了熊彼特的企业家概念，提出马克思经济学的范畴体系为接纳这个概念已经做了许多铺垫，但要完全接纳这个概念，还要进一步丰富和发展关于人的行为和动机模式的理论；最后，本文还讨论了演化经济学家着眼于竞争和创新，对市场经济的效率所做的重新界定，以及竞争范畴对理解资本主义动态演化的重要意义。

**关键词**　马克思主义经济学　演化经济学　竞争　熊彼特

新古典经济学、演化经济学和马克思主义经济学是当代最主要的几种经济学范式，竞争理论在这些范式中都占据着重要的地位。这些不同的竞争理论大致形成了一条从"保守"到"激进"的"光谱"：新古典经济学位于"保守"的一端，它通过完全竞争理论证明了一般均衡的存在，并试图借此来证明资本主义市场经济内在地具有稳定性；传统马克思主义经济学位于"激进"的一端，对于竞争以及与之相伴而生的社会生产的无政府状态多持批判的态度，并据此认为资本主义经济缺乏自我协调的能力；相较而言，当代各种演化经济学则处在这条"光谱"的中间，它既强调了竞争在资本主义动态演化中的根本意义，又分析了制度约束之于竞争的重要性。新古典经济学的完全竞争理论具有辩护论性质，其逻辑上的弊端不仅为马克思主义者所批判，而且为哈耶克这样的学者所诟病，此处毋庸多言。传统马克思主义经济学的竞争理论则一方面是未完成的，另一方面对竞争的理解也有片面之处，在一定程度上低估了竞争在推动资本主义经济的动态演化上所起的正面作用。笔者在先前的著作里曾提出，一方面，马

---

* 孟捷，清华大学《资本论》与当代问题研究中心、清华大学社会科学学院经济所教授、博士生导师；向悦文，经济学博士，现为重庆市江北区公务员。

克思主义经济学在一些最基本的方法论立场上与当代演化经济学是完全一致的；另一方面，也迫切地需要从演化经济学的分析议程和分析方法中有所借鉴，以扩大自身的解释范围。① 在这篇文章里，我们拟将这个观点具体地运用于马克思主义竞争理论的研究。

本文在结构上由以下几节组成，第一节回顾了演化经济学的知识分立理论，并由此出发探讨了进一步发展马克思的部门内竞争理论的可能性；第二节梳理了熊彼特的企业家概念，提出马克思经济学的范畴体系为接纳这个概念已经做了许多铺垫，但要完全接纳这一概念，还需要进一步丰富和发展人的行为和动机模式的理论；第三节介绍了演化经济学家着眼于竞争和创新对市场经济的效率所做的重新界定，并讨论了竞争范畴对于理解资本主义动态演化的重要意义。

## 一 知识的分立与部门内竞争

在《资本论》第一卷，马克思以很大篇幅研究了资本主义生产方式从工场手工业到机器大工业的过渡。马克思将立足于机器大工业的资本主义生产方式称作"特殊的资本主义生产方式"。这里"特殊的"一词还可译为"特有的"或"专有的"。"特殊的资本主义生产方式"不同于以往生产方式的地方，不仅仅在于使用了机器，甚至机器本身也是以大工业的方式来生产的。② "特殊的资本主义生产方式"为相对剩余价值生产（即以生产率进步为前提的剩余价值生产）提供了技术基础；而相对剩余价值生产是生产剩余价值的最主要方法。马克思的这些观点意味着，在他眼中，生产率进步和剩余价值的增长是一个合二为一的过程。资本主义生产方式在这方面做得越成功，其历史正当性就越巩固。

植根于机器大工业的特殊的资本主义生产方式的崛起，同时也改变了知识的性质，以及知识的生产和利用方式。马克思曾以如下生动的笔触描绘了这一变化：

> 很能说明问题的是，各种特殊的手艺直到 18 世纪还称为 mysteries〔秘诀〕，只有经验丰富的内行才能洞悉其中的奥妙。这层帷幕在人们面前掩盖起他们自己的社会生产过程，使各种自然形成的分门别类的生产部门彼此成为哑谜，甚至对每个部门的内行都成为哑谜。大工业撕碎了这层帷幕。大工业的原则是，首先不管人的手怎样，把每一个生产过程本身分解成各个构成要素，从而创立了工艺学

① 孟捷：《演化经济学与马克思主义》，《经济学动态》2006 年第 1 期。
② 马克思说："大工业必须掌握它特有的生产资料，即机器本身，必须用机器来生产机器。这样，大工业才建立起与自己相适应的技术基础，才得以自立。"见马克思《资本论》第一卷，人民出版社，1975，第421～422 页。

这门完全现代的科学。社会生产过程的五光十色的、似无联系的和已经固定化的形态，分解成为自然科学的自觉按计划的和为取得预期有用效果而系统分类的应用。①

马克思的这段论述先前并没有引起人们很大的注意。在这段话里明言或潜含的思想和假设，可以概括地称为"帷幕撕碎论"。下面我们就试着对这个理论略做些分析。

正如美国演化经济学家罗森博格指出的，马克思在《资本论》中深刻地提出了以下问题：将科学全面而系统地运用于生产过程是以技术在性质上的变化为前提的，这些改变了的技术究竟具有哪些新的特征呢？② 马克思根据当时的工业和科学发展水平，对这个问题做出了相当深入的研究。在工场手工业时期，分工作为提高生产力的主要手段发展到了相当高的程度。但这种分工本质上仍然是以手工劳动为基础的，不能摆脱对人的技能（如力量、速度、准确性等）的严重依赖。工场手工业分工的这个特点也意味着，在生产过程里采用的技术具有今日所谓"暗默知识"的特点。马克思虽未使用"暗默知识"这样的现代术语，但上述引文里"帷幕"一词指向了同一含义。由于这类"暗默知识"的普遍存在，生产过程就像起了一道"帷幕"一般难以理解，生产过程也就无法得到科学地分解。导致这一切发生改变的，是机器大工业的出现。机器大工业的发展改变了生产过程对人的技能即各种被"帷幕"遮蔽的"暗默知识"的严重依赖，甚至干脆消灭了这些技能，使生产过程得以被科学地分解为一系列独立的可以由机器完成的步骤，为科学在生产过程中系统而普遍的应用创造了条件。

在马克思那里，机器大工业的产生，使技术摆脱了先前作为"暗默知识"的性质，一改为受科学主宰的、作为科学在生产中的运用的新型技术。按照技术史家的研究，这种新的技术概念滥觞于培根，他曾在科学、技术和工业生产的关系上提出了一个"线性的"解释模式，即主张理论科学推动了应用科学的发展，应用科学则推动了技术的开发，继而带来工业和财富的增长。培根的这种观点有别于斯密日后在《国富论》里形成的看法。作为与瓦特同时代的人，斯密有机会实际观察到资本主义手工工场内的技术进步，他发现，技术除了受到科学的推动外，还有自己独立的发展源泉和路径。这就形成了不同于上述线性模式的对技术进步源泉的另一种解释。③ 不过，自工业革命以来，斯密的观点并未占据上风，更有影响力的似乎是上述培根模式。按照后一种观

---

① 马克思说："大工业必须掌握它特有的生产资料，即机器本身，必须用机器来生产机器。这样，大工业才建立起与自己相适应的技术基础，才得以自立。"见马克思《资本论》第一卷，人民出版社，1975，第533 页。

② 罗森博格：《作为技术研究者的马克思》，骆桢等译，《教学与研究》2009 年第 12 期，第 13～14 页。

③ 对此问题的详细探讨，参见基莱《科学研究的经济定律》，河北科学技术出版社，2002。

点，技术作为科学的婢女似乎只有从属的地位，日益沦为科学的运用而丧失了自己的独立性。从《资本论》的论述来看，马克思在这些问题上的见解似乎也是培根模式的延续和发展。在马克思以后，类似见解也一直被马克思主义者继承了下来。例如，我们可以举出 20 世纪英国马克思主义者、科学史家贝尔纳的例子。贝尔纳像培根那样，认为科学最终会完全掌握工业活动。在他眼中，一般的趋势是："随着科学和工业一起进步，工业中的科学成分的比重会逐渐增加，而工业中的传统成分的比重会逐渐减少。"最终是形成"一个彻底科学化的工业"。①

需要指出的是，马克思的"帷幕撕碎论"可以在几种不同的维度上理解。在上引段落中，"帷幕被撕碎"是着眼于资本在不同部门间的竞争而言的。机器大工业的发展导致各个部门之间的知识帷幕被撕碎，从而消除了横亘在不同部门之间的进入门槛，使资本得以跨越不同部门展开自由竞争。除了这一维度以外，"帷幕撕碎论"在马克思的理论中还涉及另外两个维度。资本除了在部门间相互竞争以外，还会在同一部门内开展竞争。可以设想，在工业革命之前，同一部门内的不同企业之间也会形成知识的帷幕。而在马克思分析部门内竞争的时候，这一帷幕事实上也已假定被撕碎了。此外，"帷幕撕碎论"还涉及资本一般即资本与劳动的关系这一维度。在资本主义工场手工业中，由于生产还以手工劳动为基础，关于生产过程的各种知识就在很大程度上掌握在熟练工人手里。易言之，在资本和熟练工人之间，也隔着一层知识的帷幕，这层帷幕可以用来保护工人自身的利益。机器大工业的发展导致资本与劳动之间的这层知识帷幕也被撕碎了，工人的技能日益为机器取代而沦为简单劳动，即造成了去技能化。顺着这条思想的脉络，马克思在《资本论》里还进一步分析了劳动对资本的实际隶属的深化以及资本积累的一般规律等一系列问题。

由此看来，"帷幕撕碎论"在马克思经济学里具有极为重要的意义。它事实上为《资本论》中的主要理论（包括竞争理论在内）奠定了一个技术史的基础。不过，这个观点的提出也使马克思付出了代价——从此以后，知识的生产及其协调问题就淡出了马克思的视野。对他来说，这些问题似乎无须再做讨论了。工业技术作为科学在生产过程中的应用，对于个别资本家而言几乎是唾手可得的，或者至少不存在取得这些知识的根本障碍。

由于演化经济学家的努力，我们今天得以认识到上述"帷幕撕碎论"所包含的片面性。既然"暗默知识"在工业生产中仍然大量存在，对这些知识的协调和利用就仍然是资本主义生产所面临的核心约束。作为现代演化经济学家的先驱之一，哈耶克率

---

① 贝尔纳：《科学的社会功能》，陈体芳译，广西师范大学出版社，2003，第 196 页。

先对知识的性质及其协调问题进行了批判的反思。在 1936 年的一篇题为"经济学和知识"的演讲中，哈耶克引入了"知识分立"这一概念，他说："显而易见，这里存在着一个知识分立（Division of Knowledge）的问题，这个问题不仅与分工（Division of Labor）问题颇为相似，而且还至少与分工问题一样重要。的确，自我们所研究的这门学问创始以来，分工问题就一直是论者们研究的主要论题之一，但是知识分立的问题却被完全忽略了，尽管在我看来，知识分立这个问题乃是经济学（亦即作为一门社会科学的经济学）中真正的核心问题。"①

知识分立的根源在于所谓"个人知识"的存在。这是哈耶克最先提出的概念。他指出，在现实生活中事实上还存在着"一种极其重要但却未经系统组织的知识"，它是一种存在于特定时空内的、关于特定情形的知识。恰恰是在这方面，每个人都拥有他自身的知识优势，因为这种特定时空内的、关于特定情形的知识一定是由身在其中的人才能了解和掌握的；当某件事情的决策需要用到这种特定知识的时候，只有与之紧密相关，并熟悉特定情形的人才能提供。哈耶克这样写道："一个靠不定期货船的空程或半空程运货谋生的人，或者一个几乎只知道瞬间即逝之机会的地产掮客，或者一个从商品价格在不同地方的差价中获利的套利人，都是以他们所具有的有关其他人并不知道的那些一瞬即逝之情势的特殊知识为基础而在社会中发挥极大作用的。"②

按照奥地利学派的当代传人柯兹纳的诠释，哈耶克的洞见在于：经济中可用的知识总量绝不会以集中或整合的形式存在，而体现为分散的知识，即由彼此分离的个体所掌握的不完全的，甚至往往相互矛盾的知识片段。知识不会全部赋予任何单个人。③哈耶克在此前提上进而提出，能够协调和利用个人知识的唯一机制，便是市场价格机制。这个核心观点成为他为市场经济辩护，并向计划经济诘难的基础。后文会谈及，后世的演化经济学虽然继承了知识分立的观点，但在最后这一点上与哈耶克拉开了距离。

在哈耶克的思想提出后不久，著名社会学家卡尔·波兰尼的胞弟、科学哲学家迈克尔·波兰尼于 20 世纪 50 年代系统地提出了暗默知识（或默会知识）论。迈克尔·波兰尼认为："人类的知识有两种。通常被描述为知识的，即以书面文字、图表和数学公式加以表述的，只是一种类型的知识。而未被表述的知识，像我们在做某事的行动

---

① 哈耶克：《个人主义与经济秩序》，邓正来译，生活·读书·新知三联书店，2003，第 74 页。需做说明的是，邓正来把 the division of knowledge 翻译为"知识分工"，本文则改译为"知识分立"。相应地，"劳动分工"也简化为"分工"，因为"分工"两字本身在中文里就足以表达 division of labor 的含义了。这也正是郭大力、王亚南在翻译《国民财富的性质和原因的研究》时采用的译法。在笔者看来，倘若劳动分工一语尚属语词不经济的话，所谓知识分工就是误译了。

② 哈耶克：《个人主义与经济秩序》，邓正来译，生活·读书·新知三联书店，2003，第 120～121 页。

③ 柯兹纳：《市场过程的含义》，冯兴元等译，中国社会科学出版社，2012，第 143～144 页。

中所拥有的知识,是另一种知识。"① 他把前者称为明确知识或明言知识(Articulate Knowledge),将后者称为默会知识(Tacit Knowledge)。需强调的是,迈克尔·波兰尼的暗默知识论不只限于指出暗默知识的存在,在他看来,暗默知识本质上是一种理解力,是一种领会、把握和重组经验,以期达到对它的理智的控制的能力;心灵的默会能力在人类认识的各个层次上都起着主导性的、决定性的作用,暗默维度相对于明言知识具有理论上的优先性。

迈克尔·波兰尼的暗默知识论颠覆了笛卡儿以来的西方理性主义认识论传统。在笛卡儿那里,事物被清楚而明白地理解,被当作认识论上的真理的标准。培根和法国百科全书学派对科学和技术的性质的理解,与这种认识论上的理性主义是彼此呼应的。这种理性主义深刻地影响了传统经济学对知识的理解。

20 世纪 80 年代,演化经济学家纳尔逊等人开始将暗默知识论引入经济学。纳尔逊等人提出了组织知识的概念,认为分散的个人知识可以通过一个组织(譬如企业),而不仅仅是市场价格机制来得以协调和利用。而且,由于组织知识的生产是与企业专有的制度相联系的,这就给企业的异质性提供了新的解释。②

同样是在 20 世纪 80 年代,个别马克思主义者也将暗默知识论运用于有关资本主义劳动过程的争论。这场争论是围绕布雷弗曼发布于 20 世纪 70 年代的著作《劳动与垄断资本》而展开的。布雷弗曼在马克思的基础上主张,去技能化、概念和执行的分离构成了资本主义劳动过程发展的唯一趋势。个别批评者借助于暗默知识的概念质疑了布雷弗曼的这一观点,他们指出,由于暗默知识在资本主义车间里根深蒂固的存在,管理者无法单独运用强制的手段,而要依靠一定程度的合作以利用工人掌握的这些知识。③不过,暗默知识论尽管已被马克思主义者引入分析资本与劳动的关系,却一直未被用于反思和拓展马克思的竞争理论,而在笔者看来,这样做同样是可能的。

在本节余下的部分,我们想结合上述讨论专门谈谈马克思关于部门内竞争的理论。这个理论是在《资本论》第一卷讨论超额剩余价值生产的时候提出来的,并且构成了相对剩余价值生产理论的基础。需要预先指出的关键一点是,在马克思的这个理论里,竞争几乎没有受到知识的约束。

在讨论超额剩余价值的产生时,马克思区分了一个部门内的两类企业,即创新型企业和模仿型企业。创新型企业在部门内率先采用新技术,实现了生产率进步,并在一个

---

① M. Polanyi, *Study of Man* (The University of Chicago Press, Chicago , 1958), p. 12.
② 对演化经济学的这些观点的介绍,可参见孟扬、孟捷《默会知识和企业理论》,《经济学动态》2010 年第 10 期。
③ 参见孟捷《劳动与资本在价值创造过程中的正和关系研究》,《经济研究》2011 年第 4 期。

低于社会价值的个别价值的基础上，与其他企业争夺市场份额。迫于这种压力，其他企业被迫跟随或模仿这个先进企业，采纳新技术以提高生产率，否则就将面临在竞争中被击垮的危险。在这个过程中，创新型企业通过率先引入新技术，可以在其较低的个别价值的基础上，实现超额剩余价值。但是，随着其他企业也相继采用新技术，社会价值降低到一个新的与创新型企业的个别价值相当的水平，这种超额剩余价值就会消失。

重新审视马克思的这个理论模型，可以发现他忽略了模型背后暗藏的一些假设。譬如，这个率先创新的企业为什么会出现？它所采纳的新技术来自何处？当其他企业迫于压力开始在技术上模仿创新型企业时，这种模仿为何一定会成功？在现实的市场竞争中，不断会有落后企业遭到淘汰，说明新的技术或新的生产方式并不会自动地扩散到所有企业。技术扩散的这种不确定性反过来也意味着，创新型企业有可能凭借其先发优势击败所有其他企业以取得部门内的垄断，并攫取超额垄断利润。果真如此，竞争就导向了自身的反面。如果不是这样，即如马克思曾经说过的那样，除了这种趋向垄断的向心力，还存在着起抵消作用的离心力，那我们就需要分析构成这种离心力的因素究竟是什么。下面我们就依次来讨论这些为马克思所忽略的问题。

在马克思那里，对超额利润或超额剩余价值的追求，被看作个别企业率先进行技术变革的根本原因。但问题是，企业追逐这种超额利润的动机是普遍的，在这种情况下，使得创新型企业脱颖而出，并与其他企业区分开来的原因，肯定不在于这种人人都有的一般性动机，而毋宁在于企业内部制度层面的差异，这些制度上的因素给该企业的行为和动机模式赋予某种特殊性。令人遗憾的是，马克思在其模型中显然没有考虑到这一层面的问题。尽管与新古典经济学相比，马克思并未使用代表性企业这样的错误假设，并且实际上设定了创新型企业和模仿型企业的差别，但他忽视了企业在内部组织和制度方面的差异，以及由此带来的组织学习能力的差异。这样一来，在马克思的理论中，企业也几乎成了半个"黑箱"。

马克思理论上的这种缺失最早是由美国学者拉佐尼克明确提出来的。拉佐尼克指出，技术的创新和扩散是与企业组织的性质相联系的。在他看来，马克思在其理论中假定，新技术的产生和扩散与企业的内部组织无关（或者换一种表达——伴随新技术的产生和扩散，似乎企业组织也在自动地被模仿或扩散）。这样一来，马克思就没有提出和回答以下问题：为什么特定的企业组织在特定的时间和地点表现出格外突出的创新能力和学习能力？[①]拉佐尼克的可贵之处在于，他着重分析了不同类型的企业组织在

---

① Lazonick，W.，*Business Organization and the Myth of Market Economy*，CUP，2001，pp. 121，282 - 283. 笔者也试图在不违背劳动价值论的前提下，进一步讨论了在劳资合作的基础上，一种分配上的正和关系是如何可能存在的。见孟捷《劳动与资本在价值创造中的正和关系》，《经济研究》2011 年第 4 期。

协调劳动和资本的关系上所体现出来的差异，以及这些协调方式对企业技术创新的不同影响。[①]他的这些分析为我们反思马克思的竞争理论构成了必要的铺垫。

在上述认识的基础上，我们或可描绘出进一步发展马克思的部门内竞争模型的大致方向。在马克思的模型里，部门内竞争被还原为同质产品间的价格竞争。[②] 企业间生产完全同质化的使用价值这一假设事实上和他抽象了组织知识的生产是相呼应的。一旦我们从组织知识的专有性这个角度看问题，上述假设就需要修改。即便在一个部门内，不同企业的产品也可以是差异化而非同质的，因为生产这些产品的企业是以各自掌握的不同知识为前提进行生产的。这样一来，部门内竞争实际上天然就具有张伯伦所说的垄断竞争的色彩。演化经济学家乔治斯库 - 罗根在评价新古典竞争理论时曾提出了类似的看法，他指出："在每一个领域，尤其是在经济学领域，竞争首先意味着以与所有其他人稍微不同的方式行事。""个体所关心的竞争的最一般形式是产品差异化，包含一点创新，但不包括恶性杀价的行为。"梅特卡夫在评论这一点时也指出，在竞争概念里包含一个悖论，即"只有在企业是异质的事实上添加一个垄断要素，才可能存在积极的竞争"。[③] 需要澄清的一点是，在部门内自由竞争的模型里纳入垄断因素，并不是要否认马克思主义经济学对资本主义的自由竞争阶段和垄断阶段的划分，而是承认即便在自由竞争阶段，部门内竞争也不是通常想象的那种纯粹的价格竞争，而是在产品的使用价值性质具有一定差异的前提下开展的竞争。为了进一步分析这个问题，让我们在马克思和新古典理论之间略做一番比较。

将部门内竞争假设为同质化产品的竞争，在这一点上马克思的理论与新古典完全竞争理论有着相似之处。与马克思不同的是，新古典完全竞争理论采用了代表性企业的假设，企业的异质性被彻底抛诸脑后。在此前提下，市场上也只存在一种价格，任何企业都无力单独改变这种价格。为了便于与马克思的理论模型相比较，我们将新古典经济学所设想的这种竞争格局称为"部门内竞争的静态平面结构"。相比较而言，马克思虽然也在部门内竞争模型中假设了同质化的产品，但马克思并未依赖代表性企业这样的概念，而是区分了创新型企业和模仿型企业。这两类企业的产品分别对应着两种不同的价格。用演化经济学的术语来说，马克思在其部门内竞争模型中运用的是个体群或种群的概念，而不是代表性企业这样的理想类型式的概念。在马克思的模型中，

---

[①] 参见拉佐尼克《车间的竞争优势》，徐华等译，中国人民大学出版社，2007。

[②] 马克思曾谈到，在考察部门内竞争时，面对的是"生产部门相同、种类相同、质量也接近相同的商品"。《马克思恩格斯全集》第二十五卷，人民出版社，1974，第 201 页。

[③] Georgescu - Roegen, N., "Chamberlin's New Economics and the Production Unit", in R. Kuenne, ed., *Monopolistic Competition Theory* (New York: Wiley, 1967). 转引自梅特卡夫《演化经济学与创造性毁灭》，冯健译，中国人民大学出版社，2007，第 19 页。梅特卡夫的评论见于同页。

创新型企业率先提高了生产率，引入一个更低的价格，并据此获得超额利润。这迫使其他企业开始模仿、学习和引进新的技术，并最终导致部门内出现的两种价格重新收敛为一种价格。在收敛实现后，新的创新又会在个别企业内再次出现，并又一次引入新价格。但随着其他企业对新技术的模仿，两种价格又会再度收敛，回到一种产品对应一个价格的局面。我们将马克思描绘的这种竞争格局称为"部门内竞争的动态平面结构"。这里的"动态"一词，意指马克思所分析的是一个基于技术变迁的动态过程。这个特点在新古典完全竞争理论中并不存在，因为后者抽象了技术创新。"平面"一词则想强调，尽管存在技术变迁，每一轮竞争的后果却是价格的收敛和超额利润的消失。换言之，在取得超额利润的能力上，企业之间不存在持久的差异。

现在让我们把组织知识创造的专有性和产品差异性引入分析。我们假设，在部门内存在两种企业，分别生产在使用价值性质上有所区别，但又隶属于同一部门的产品。这两种产品具有不同的"性价比"，后者可定义为产品的使用价值与其个别价值的比率。此处的使用价值可定义为产品功能数与其使用寿命的乘积。性价比的概念意味着，两种产品事实上是在两种不同的技术或不同的生产方式下生产出来的，这两种生产方式分别对应着不同的组织知识生产过程。根据前文的讨论，组织知识由于其专有性，并不能在竞争中被对手轻易地模仿和学习。在这种情况下，不同产品的性价比作为两种组织知识生产过程的结果，就会持久地形成差异。与性价比之间的差别相对应的，是在两种产品之间不会形成统一的社会价值和价格，而是在各自的个别价值基础上形成两个长期并存的价格。

在这样一个市场上，由技术进步带来的竞争也同样存在。如果那个处于相对弱势的一方通过提高生产率和改进产品品质，提高其产品的性价比，就会吸引更多的需求转向自己，争夺市场份额的竞争也就随之开始了。在这种情况下，这个企业的价格 - 价值比率也能得到改善，甚至也能取得超额利润。总之，在这样一个市场上，竞争一般来自两种产品性价比的增长率的差异。我们建议把这种竞争格局命名为"竞争的动态层级结构"。"动态"一词的含义一如其旧，即表明技术创新所推动的竞争过程仍然存在；"层级"这个新的术语则想表达一种等级制结构，处于不同层级的企业在取得利润的能力上存在持久的差异。

发展这样一个理论的迫切性是毋庸待言的。我们将在另一项研究里提出相关模型，设法兑现上述构想。不过，在结束这一节之前，我们还想就这一理论可能带来的后果再做一番探讨。在所谓动态平面竞争结构中，马克思假定落后企业会通过模仿或学习改进生产率。但是，由于马克思并没有分析这种模仿必然实现的理由，事实上默认了相反的情形会以同等概率出现，即面对先进企业提高生产率和扩大市场份额的压力，其他企业无力通过模仿来应对，最终在竞争中落败，并被驱离该部门，使得该部门为个别先进企业所垄断。在这种情况下，马克思的动态平面结构理论事实上可以直接用来解释资本主义由自由竞争向垄断的过渡。易言之，动态平面结构理论表面上看起来是一个解释竞争的理论，但也可以成为一个解释垄断产生的理论。马克思本人事实上也是这样做的。在《资本论》第一卷论述资本积累的章节，马克思就提出竞争会直接导致资本的集中和垄断。

相比较而言，动态层级结构理论则可以更好地解释竞争的持续存在。在动态层级结构内，当两种产品性价比的增长率发生改变时，竞争就会产生。但由于竞争面临着组织知识生产的约束，动态层级结构内的竞争并不会导致价格的收敛和超额利润的消失，而是带来利润实现能力的等级制即某种相对意义的垄断。在这个结构内，除非一方产品的性价比以异乎寻常的速率增长，否则不会轻易地颠覆整个层级结构。更容易出现的结果是一种将竞争和相对的垄断结合在一起的局面。

在《资本论》第一卷，马克思曾谈到资本之间的竞争是推动集中和垄断形成的力量。马克思还曾设想了在一个部门内，甚或在一个社会中，资本集中所能达到的极限。就一个部门的情形而言，是将全部资本融合为一个单一资本；就全社会的情形而言，是将社会总资本合并在唯一的资本家公司手中。[①]但另一方面，正如马克思指出的，资本在概念上指的就是同时存在的许多资本，单个资本与资本的概念是相矛盾的。在《1857～1858 年经济学手稿》中，马克思这样说道："资本是而且只能是作为许多资本而存在，因而它的自我规定表现为许多资本彼此间的相互作用。"[②]这意味着，一旦资本失去与其他资本的对立，一旦失去竞争，也就不会有资本主义了。为此，马克思自己也意识到，用竞争带来垄断这个线性的规律来描绘资本积累的发展趋势是过于简单化了。在《资本论》第三卷的一个地方，他又补充指出，"如果没有相反的趋势不断与向心力一起又起离心作用，这个过程（指资本集中的无限过程——引者注。）很快就会使资本主义生产崩溃"。[③]遗憾的是，马克思在这里仅为我们留下了只言片语，并未明确分析这些离心力到底是由哪些因素构成的。在我们看来，承认部门内竞争的动态层级结构的存在，似乎有助于解决这个理论上的难题。在竞争的动态层级结构里，竞争和某种相对的垄断总是伴随的，垄断并没有消除以技术创新为前提的竞争，后者作为离心力始终在限制或扭转一个部门迈向绝对垄断

① 马克思的这些观点，可参见《马克思恩格斯全集》第二十三卷，人民出版社，1972，第 686～687、688 页。
② 《马克思恩格斯全集》第四十六卷（上），人民出版社，1979，第 398 页。
③ 《资本论》第三卷，载《马克思恩格斯全集》第二十五卷，人民出版社，1974，第 275 页。

的趋势。

上述竞争的动态层级结构尽管是用来刻画部门内竞争的概念，但这种层级结构的存在对于部门间竞争也会带来微妙的影响。概而言之，部门内的这种层级结构有可能阻碍利润率在不同部门间的平均化。马克思的利润率平均化理论实际上是以部门内的充分竞争为前提的，这一点却经常为人们所遗忘。在马克思讨论的部门内竞争的平面结构里，竞争的结果是在不同企业之间带来大致相等的生产率，在此基础上会形成产品统一的社会价值，以及一个不包含超额利润的标准利润率。这个标准利润率事实上是各个部门的资本互相比较，并据以在部门间流入或流出的依据。然而，一旦引入部门内竞争的层级结构，这个标准利润率就不存在了，因为部门内此时持续地存在着几个高低不同的利润率。在这种情况下，资本就失去了在不同部门之间对利润率进行比较的唯一标准，从而难以做出进入或退出某个行业的判断。资本完全可能留在本部门内，通过提高性价比的竞争来追逐超额利润，而不必转移到别的部门。

进而言之，在讨论部门间竞争的时候，马克思也没有考虑组织知识的生产对这种竞争的约束。在演化经济学的理论中，组织知识的生产并不局限于企业的层面，在部门和区域的层面同样存在着协调个别知识的问题。在此意义上，演化经济学又进而发展了部门创新体系、区域创新体系、国民创新体系等隶属于不同层次的概念和理论。由此看来，个别资本倘若无力加入特定行业、特定区域的组织知识的生产，要想在部门间流动也是非常困难的。考虑到这一点，马克思的部门间利润率平均化的模型就完全可能为一个新的模型所取代，在这个新模型里，不同部门间的利润率也存在层级化的结构，且不易平均化。

依循上述思路必然还会提出以下问题：既然在竞争模型里也存在相对的垄断，而垄断又不能阻绝竞争，将资本主义区分为自由竞争阶段和垄断阶段的依据何在呢？事实上，自 20 世纪 70 年代以来，马克思主义经济学内部一直存在着争论，其中一方坚持在传统意义上对自由竞争和垄断这两个阶段的划分，另一方则怀疑这种划分，指摘前者忽略了竞争在当代资本主义经济中的作用。[①]笔者赞同这样的观点，即资本主义从自由竞争阶段步入垄断阶段并不仅仅与资本集中度的提高有关，更重要的取决于金融在资本主义经济中的地位和作用的变化。在这个意义上，对自由竞争阶段和垄断阶段的划分，与资本主义部门内始终并存的垄断和竞争并不是一回事。承认后者并不等于否认对资本主义历史阶段的上述划分。

---

① 对 20 世纪 70 年代以来相关争论的介绍可参见高峰《发达资本主义经济中的垄断与竞争》，南开大学出版社，1996。

## 二 《资本论》中存在熊彼特意义上的企业家吗？

熊彼特的企业家概念是和他的创新理论联系在一起的。对熊彼特来说，资本主义作为一种发展过程、一种本质上动态的现象，是由创新推动的。这个观点事实上蕴含在马克思的整个理论中，并不能完全视作熊彼特的首创。熊彼特的首创意义主要是相对于新古典经济学而言的。他的《经济发展理论》一书在结构上体现了这一点。在这本奠定他的经济思想史地位的重要著作里，熊彼特直言不讳地指出，一个抽象了创新的经济（他称之为"循环流转"），归根结底是静态的。而一个像这样趋于静态均衡的经济，只是思想的构造物，并不符合现实中的资本主义。在他看来，资本主义的"创世纪"是由一次"大爆炸"——在他那里即是创新——开始的，并持续地为之所推动。这些观点自然是有别于一切正统的新古典主义者的。正如熊彼特经常承认的，他的这些思想来自马克思。但另一方面，熊彼特也的确说出了马克思本来可以说，但限于政治立场而表达得不够充分的思想。这主要体现在，熊彼特以更鲜明的态度把创新视为使资本主义之所以为资本主义的"本体论规定"。可是，熊彼特（以及当代的新熊彼特派）倾向于把创新看作完全是由资本主义经济内生的，这就过于看淡了那些主宰着资本主义经济的内在矛盾，同时也过高地估计了资本主义经济本身自我协调的能力。[①]

在熊彼特那里，企业家是创新的承担者。关于什么是企业家，众所周知，他先后经历了两种不同的观点。在其早期，比如在《经济发展理论》里，企业家是充满英雄主义的个人。在其晚期，企业家则被看作资本主义的大公司。不过，在笔者看来，熊彼特的企业家理论的真正特质，或者说真正有别于其他人（如马克思）的地方，仍在于他的早期观点。在熊彼特早期的著作里，企业家并非是在纯粹经济学的意义上界定的，而是在人类学或社会学的意义上首先提出来的。熊彼特曾在人类学的意义上把人划分为两类，一类是具有静态性格的人，另一类则是各行各业的领导者，完全不为享乐主义的需要所主宰。他曾这样说：

> 在每个领域都有着具有静态性格的人和领导者。前者的特征是，他们的行动以他们所学的东西为依据，他们在传统的框架内行动，他们的观点、性格和行为是由他们所在领域里的既定的数据所决定的。后一类人的特征则在于，他们看到了某种新东西，他们改变其行动的传统框架，改变他们所在领域的给定的数据……在任何地方这两类人都有着鲜明的界限，一类人发展出新的文化潮流，建

---

① 对熊彼特思想的一个批判性分析以及和马克思观点的比较，可参见孟捷《熊彼特的资本主义演化理论：一个再评价》，《中国人民大学学报》2003 年第 2 期。该文被收入陈劲主编《理解熊彼特》，科学出版社，2012。

立起新的学派和政党；另一类人则为新的文化潮流、新学派和新政党所发展。①

在《经济发展理论》里，熊彼特把对上述两种人进行区分的思想运用于经济学。在他的经济分析中存在着两类人，一类是新古典意义上的理性人，也是熊彼特自己在他的静态经济模型即循环流转里发挥职能的当事人。另一类则是非理性的企业家，他们带来了资本主义发展这一动态现象。他指出，企业家从事经济活动的动机决非基于享乐主义的物质需要，而是出于一种从静态模型的眼光来看属于非理性主义的动机。熊彼特在谈到这后一类人时还特地分析了其动机的构成，认为其中含有以下方面：其一，一种寻找私人王国的梦想和意志；其二，一种征服的意志和战斗的冲动，一种证明自己比他人优越的冲动，在这方面，经济行为和体育运动变得更相似；其三，一种把事情办成的快乐，施展个人的能力和智谋的快乐。他指出，在这三种动机中，只有第一种是和私有财产相关的，其他两种都不可用金钱的收益来衡量。②企业家身上的这种特质在资本主义初期那些发现新大陆的航海家身上体现得格外明显。资本主义文明的兴盛，恰恰是得益于那种心系航海、蔑视谋生的浪漫主义和英雄主义，而非一般所谓理性主义或享乐主义。类似的，非理性主义的企业家作为创新活动的承担者，则带来了资本主义的发展这一动态现象。

现代经济学一直在以不同的方式阐释着熊彼特的思想。在这些阐释中，有一类明显的是想把熊彼特的思想综合在新古典的均衡框架中。现代奥地利学派的柯兹纳就是这一派别的代表。依照他的解释，竞争是一种有效的发现程序，企业家在其中的作用是发现那些未被注意到的利润机会，这些发现有助于降低经济中的无知程度，推动市场迈向均衡。③柯兹纳的诠释遭到了奥地利学派的另一位传人拉赫曼的批评，他把人类心智的主观维度扩大到包含创造力，从而与奥地利学派的传统观点形成了鲜明的差异，正如帕勒莫在对二者的比较中所指出的，在柯兹纳那里，企业家只剩下"发现"的职能，而失去了更为重要的"创造"功能，后者才是熊彼特着力强调的。④

熊彼特的企业家概念有两个重要的特点。首先，在企业家的动机当中，存在着无法还原为享乐主义即纯粹经济因素的主观价值维度。但是，这种主观价值维度赖以形

① 熊彼特：《经济发展理论》，德文第 1 版，转引自 Shionoya, Y., *Schumpeter and the Idea of Social Science* (Cambridge：CUP, 1997)，p. 38。国际知名的熊彼特研究者盐野谷祐一（即 Y. Shionoya，曾任一桥大学校长）甚至认为，熊彼特的企业家概念和 20 世纪初许多非理性主义哲学家的思想，如尼采的超人哲学、柏格森的生命哲学、帕累托的精英循环理论等，都有内在的联系。

② 熊彼特：《经济发展理论》，商务印书馆，1990，第 102～103 页。另见孟捷《熊彼特的资本主义演化理论：一个再评价》，《中国人民大学学报》2003 年第 2 期，第 92～93 页的讨论。

③ 柯兹纳：《市场过程的含义》，冯兴元等译，中国社会科学出版社，2012，第 13～14、50～52 页。

④ 参见帕勒莫《发现与创造：奥地利学派市场过程观的含义》，载霍奇逊主编《制度与演化经济学现代文选：关键性概念》，贾根良等译，高等教育出版社，2005，第 94～95 页。

成的根源在他那里并未获得充分的解释。这样一来，企业家的行为就在很大程度上被归于先验地存在着的、非凡的人格特质。而这又意味着，对熊彼特而言，创新产生的根源最终在经济学上变得不可解释了。熊彼特的这个缺点在德国社会学家韦伯那里可以得到部分的校正，后者把经济活动的动机归结于社会流行的文化因素，而非个人身上的神秘特质。这种视角的转换意味着，真正需要解释的并不是个人的动机，而是一个社会里的文化如何会影响人的经济行为。就竞争问题而言，需要解释的是各种不同的文化和制度因素对企业、区域、国家等各个层面的竞争行为的影响。

其次，在熊彼特那里，企业家的行为与循环流转模型里的经济人不同，其行为不再是对给定数据的适应，而是要打破任何给定的约束条件。一方面，在《经济发展理论》所构建的理论体系中，循环流转是为了向资本主义发展动态过渡而预设的一个类似于思想实验的模型。在这个模型里，所有当事人的行为只是在既定的需求指引下，对给定数据的适应而已，在这里不存在任何无法预测的不确定性。当熊彼特要向动态模型过渡时，他提出了这样的观点，即在企业家进行产品创新时，市场上并不存在对新产品的既定需求。这种新的需求是被生产者创造出来的。另一方面，由于创新的实现需要将生产要素从给定的用途中吸引出来，以便服务于新产品的生产，就势必打破经济中原有的资源配置均衡局面。这样一来，创新的发生事实上终结了既定的需求曲线和成本曲线，给相关企业带来了无法预料的不确定性。这种不确定性也深刻地影响了企业之间的竞争。企业的适应性行为，即在给定数据下进行最大化计算的行为，在一个充满不确定性的环境里自然失去了原有的意义。个别企业要在这种条件下成功地应对不确定性，唯一的出路依然只有创新。

现在让我们来讨论这一节标题所提出的问题：在《资本论》里存在熊彼特意义的企业家吗？这个问题很难用是或否这样绝对的方式来回答。笔者的观点带有某种折中性：一方面，马克思的确没有提出过企业家这一概念，在其关于资本主义生产当事人的讨论中，几乎不存在为熊彼特所看重的主观价值维度；但另一方面，借助于价值理论，马克思透彻地把握了与资本积累相伴随的不确定性，从而为接纳熊彼特的企业家概念做好了理论的铺垫。

《资本论》中关于人的行为和动机模型的观点，是通过"资本主义生产当事人"的概念来表达的。依照马克思的定义，资本主义生产当事人"只是经济范畴的人格化，是一定的阶级关系和利益的承担者"。[①] 换言之，人的动机和行为模式，是在特定的生产关系的基础上厘定的。这一点也构成了马克思的资本主义生产当事人与新古典经济

---

① 《马克思恩格斯全集》第二十三卷，人民出版社，1972，第 12 页。

人之间的根本区别，后者是在脱离了具体的生产关系的前提下，作为超历史的先验人性来规定的。在《资本论》里，资本家是资本主义生产当事人的主要类型之一（另两种类型分别是雇佣工人和土地所有者），其内在动机是追求剩余价值，其行为则是积累（甚至是为积累而积累）。竞争的作用则是以外在强制的方式迫使资本家遵循这种特定的行为和动机模式。

马克思笔下的资本主义生产当事人具有如下特点。第一，这些当事人不过是资本主义大机构上的构件，执行着系统的运行所要求承担的功能。换言之，这个概念具有某种结构主义的特点。第二，这些当事人的动机只是根据经济利益来规定的，撇开了非经济因素对人的动机和行为所能造成的影响。而这样一来，在资本主义生产当事人和新古典经济人这两个似乎截然不同的概念之间就产生了某种共鸣——二者均忽略了人的动机和行为模式可能具有的多样性，以及非经济因素在这种多样性的产生中所起的作用。①

资本主义生产当事人的概念所具有的上述弱点，凸显出它与熊彼特的企业家概念之间的差别。前者刻意抽象了熊彼特所注重的主观价值维度在人的行为和动机模式中的影响。这些主观价值维度是由各种非经济的制度因素塑造的。进而言之，马克思也忽略了非经济的制度因素在协调和组织企业内部的分工方面所起的作用。② 在其部门内竞争的模型中，马克思虽未诉诸代表性企业这样的假设，甚至还设定了创新和模仿这两类不同的企业行为，但由于他没能从主观性的角度进一步分析造成这两类企业的行为差异的原因，从而丧失了发展一种企业家理论的机会，并使企业之间的异质性最终归于某种未经解释的偶然性。因此，尽管马克思也高度重视技术变革的作用，但在上述意义上，马克思的确没能提出一个企业家的理论。

不过，马克思虽未能提出企业家的概念，却深刻地分析了与资本积累相伴随的不确定性，从而为在他的理论体系中接纳企业家这一角色奠定了基础。马克思对不确定性问题的分析是以劳动价值论为基础的，笔者在先前的著作里曾系统地分析过

———————

① 需要指出的是，马克思通过其他观点弥补了资本主义生产当事人概念的局限性。他曾在著名的《费尔巴哈论纲》里指出，就其现实性而言，人还是"各种社会关系的总和"。但这种观点毕竟没有被正式引入《资本论》的经济分析。

② 马克思在《资本论》里几乎没有考虑资本主义生产当事人所面临的知识约束，也忽略了非经济因素对这些当事人的动机和行为的影响。个中原因可能在于，马克思当时的论述是在非常高的理论抽象水平上进行的。要理解这种抽象的程度，只需提到以下事实就够了。为了专注于考察资本主义生产方式的一般运动规律，《资本论》事实上抽象了民族国家的区别，假设地球上的贸易世界是一个资本主义国家。（马克思："我们在这里必须把整个贸易世界看成一个国家，并且假定资本主义生产已经到处确立并占据了一切产业部门。"《马克思恩格斯全集》第二十三卷，人民出版社，1972，注释21a）在这种情况下，如果我们在马克思的理论模型中没能找到不同国家的政治、文化、宗教等因素之于资本主义生产当事人的行为和动机结构的影响，就不足为奇了。

这一点。[①]这里不妨从《资本论》第二卷里援引一段论述，从中可以看到价值运动的独立性和价值革命——它们是不确定性的源泉——对资本主义生产当事人的决策所能带来的影响。马克思这样写道：

> 资本主义生产只有在资本价值增殖时，也就是在它作为独立价值完成它的循环过程时，因而只有在价值革命按某种方式得到克服和抵销时，才能够存在和继续存在。……如果社会资本的价值发生价值革命，他个人的资本就可能受到这一革命的损害而归于灭亡，因为它已经不能适应这个价值运动的条件。价值革命越是尖锐，越是频繁，独立价值的那种自动的、以天然的自然过程的威力来发生作用的运动，就越是和资本家个人的先见和打算背道而驰，正常的生产过程就越是屈服于不正常的投机，单个资本的存在就越是要冒巨大的风险。[②]

在先前的著作中，笔者曾借助捷克哲学家科西克的观点来诠释马克思的这段论述。科西克提出，资本积累在此表现为"一个由'无意识主体'（价值）的运动构成的系统。……'人们'戴着这个机构的官吏和代理人的面具出场，作为它的组成部分和要素行动"。[③] 在这里，科西克谈到了两种主体，一种是无意识的主体，即价值运动的独立性，另一种则是持有自己的"先见和打算"的资本主义生产当事人，后者是"嵌"于前一运动之中的，其"先见和打算"要受到前者的制约。对这两种主体的区分表明，资本主义生产当事人的主体地位含有某种虚假的成分，因为他的计算和抉择在相当程度上是不受自己控制的。这尤其体现在，面临频繁发生的价值革命，他们非但不能确知自己的口袋里将获得多少利润，甚至不能预料预付资本将在多大程度上将因价值革命而贬值。

马克思的这一论述对《资本论》第一卷是个重要的补充。在第一卷，资本家试图采用各种手段从直接生产过程中榨取剩余价值，而在这里，由于资本作为运动中的价值受到价值革命的威胁，资本家追求剩余价值的行为受到了不确定性的制约。按照马克思的货币资本循环公式，资本的价值增殖可以表述为以下过程：$G—W—P—W—G'$。其中 $G$ 是预付资本，$G'$ 则由预付资本的等价物和剩余价值组成，即有 $G + \Delta G$。利润率在此可表达为 $\Delta G/G$。按照马克思的观点，由于不断发生的价值革命，作为预付资本的 $G$ 面临着经常贬值的危险。而 $\Delta G$ 即剩余价值或利润只有在商品实现后才能被真正地占

---

[①] 孟捷：《劳动价值论与资本主义再生产中的不确定性》，《中国社会科学》2004 年第 4 期；孟捷：《经济人假设与马克思主义经济学》，《中国社会科学》2007 年第 1 期。

[②] 《马克思恩格斯全集》第二十四卷，人民出版社，1972，第 122 页。着重号为笔者所加。值得一提的是，在《资本论》英文本（Penguin 版）中，这里的"打算"一词被翻译为"calculation"。

[③] 科西克：《具体的辩证法》，傅小平译，社会科学文献出版社，1989，第 137 页。

有，因而也是事先难以确定的量。由 $\Delta G$ 和 $G$ 组成的利润率，事实上代表着资本主义生产当事人即资本家的行为结构，因为分母作为预付资本，即资本家为了实现价值增殖这个目的而采取的手段，而分子即剩余价值则是整个行为的目的。因此，在利润率 = $\Delta G/G$ 这个比率中，体现了资本家行为的目的和手段之间的关系。如果分子和分母双方在数量上都是不确定的，就意味着在资本主义生产当事人的行为结构中，手段和目的彼此之间缺乏有机的联系。这种联系的丧失，正是不确定性概念的真意。

由于不确定性的存在，在一个资本主义经济中，资本主义生产当事人的行为并非全然是以结构主义的或决定论的方式被规定的。仍以马克思的部门内竞争模型为例，在他笔下的业主型资本家尽管都受到来自竞争的外在压力，在行为上却出现了分化：只有一类资本家会成为通过创新来挑战不确定性的企业家。对这两类不同企业的分析意味着，马克思在其理论中的确意识到了企业家的存在。问题只在于，他未能进一步分析这些企业家的特殊动机以及与之相联系的历史和制度环境。

## 三 竞争在资本主义动态演化中的作用

马克思主义经典作家对竞争的论述，最早可追溯到青年恩格斯的《政治经济学批判大纲》（以下简称《大纲》）。《大纲》是马克思主义经典作家的第一篇经济学文献，在马克思主义经济思想史上具有十分重要的地位。在这篇日后被马克思赞誉为"天才的大纲"的著作里，恩格斯首次考察了同时代资产阶级经济学的竞争理论。他发现，竞争范畴在资产阶级经济学中占据着核心地位——"只要私有制存在一天，一切终究都会归结为竞争。竞争是经济学家的主要范畴，是他最宠爱的女儿，他始终爱抚着她。但是请看，在这里出现的是一张什么样的美杜莎的怪脸。"[①]需要提醒读者的是，在撰写《大纲》的时候，青年恩格斯在政治上刚刚转变为共产主义者，他把对资产阶级社会的批判完全化约为对竞争的批判，用他自己的话来说，即要彻底揭露竞争这张"美杜莎的怪脸"。

《大纲》对竞争的研究包含着许多值得肯定的、深刻的内容。首先，《大纲》正确地分析了竞争的制度前提，将竞争的出现归因于私有制和普遍化的商品生产。在谈论普遍化的商品生产时，恩格斯与波兰尼类似，将劳动力和土地的商品化作为这种普遍化的商品生产得以形成的根本前提；并且提出，如果任这种商品化肆意发展，其结果将是人的毁灭。[②]

---

① 《马克思恩格斯全集》第一卷，人民出版社，1965，第 611~612 页。

② 在《大纲》里恩格斯写道，资本主义"最终使人变成了商品，使人的生产和消费也仅仅取决于需求；……竞争制度因此屠杀了，并且每日屠杀着千百万人。"《马克思恩格斯全集》第一卷，人民出版社，1965，第 621 页。

其次,《大纲》分析了竞争和垄断的对立统一关系,指出资本主义私有制不可避免地造成个人对生产资料或财产的或大或小的垄断,这种财产权的垄断是竞争的前提。为了争夺这种垄断权,人们之间会展开激烈的竞争,竞争又会导致进一步的垄断。但垄断并不能阻挡竞争的洪流,它本身还会引起竞争。

最后,《大纲》指出,竞争造成了整个经济体系的无政府状态,使生产难以和需求的变动相适应,从而导致生产过剩的危机。恩格斯写道:"经济学家用他那绝妙的供求理论向你们证明'生产永远不会过多',而实践却用商业危机来回答,这种危机就像彗星一样定期再现,在我们这里现在是平均每五年到七年发生一次。八十年来,这些商业危机像过去的大瘟疫一样定期来临。"①

然而,《大纲》对竞争的分析往往还带有浓重的道德审判的意味。例如,《大纲》提出,把土地和劳动力作为买卖的对象是"不道德的"。建立在资本主义私有制基础上的竞争,造成资本同资本、劳动同劳动、土地同土地相对立,并且同样又使每个因素同其他的两个因素相对立,总之,竞争造成了一切人和一切人相对立。"在这种共同的利害关系的敌对状态中,人类目前状况的不道德达到了登峰造极的地步,而竞争就是顶点。"②

《大纲》还从道德批判的角度评价了竞争对价值决定的影响(这看起来有点儿像中世纪的公平价格理论)。我们读道:"由竞争关系所造成的价格永远摇摆不定的状况,使商业丧失了道德的最后一点痕迹。至于价值就更不用说了。看来非常重视价值的、并以货币的形式把价值的抽象形态转化为一种特殊存在物的制度,本身就通过竞争破坏着物品所固有的一切内在的价值,并且在每时每刻改变着物品与物品的价值关系。在这个漩涡中哪里还可能有基于道德准则的交换呢?"③

青年恩格斯在《大纲》里的这些看法和西斯蒙第的观点极为近似。后者作为古典经济学阵营中和英国"财富学派"截然不同的另一派别,同样反对竞争和现代雇佣劳动制度。④这种近似性表明,在写作《大纲》的时候,青年恩格斯和西斯蒙第一样,都没能寻觅到一种超越单纯的人道主义批判,更为辩证地理解竞争和市场经济的理论和方法。以上述引文里对价值决定的批判为例,恩格斯把竞争所带来的价值变动看作道德准则的丧失,这和《资本论》里的观点相去何以道里计。在《资本论》中,单位商

---

① 《马克思恩格斯全集》第一卷,人民出版社,1965,第614页。
② 《马克思恩格斯全集》第一卷,人民出版社,1965,第612页。
③ 《马克思恩格斯全集》第一卷,人民出版社,1965,第615页。
④ 西斯蒙第称竞争为"反社会的",见其《政治经济学研究》第二卷,商务印书馆,1989,第152页。对西斯蒙第人道主义经济学的批判性分析,可参见孟捷《古典经济学与人道主义》,《社会科学战线》1997年第1期。

品价值的下降是在生产率进步的前提下实现的，而生产率进步又是部门内竞争所造成的结果。反观《大纲》，通篇竟未谈及竞争在推动技术进步上所起的积极作用，只是把生产力的进步抽象地归因于作为外生变量的科学。[①]由于恩格斯在这里实际上切断了竞争和技术乃至科学进步的联系，这就为他对竞争的道德评判奠定了基础。《大纲》所表露的这种倾向，甚至与《共产党宣言》相比——更不必说《资本论》了——都是一个明显的缺点。

在《资本论》及其手稿中，马克思为我们留下了大量关于竞争的论述。就本文所关心的问题而言，这些论述中有两点内容值得我们格外关注。第一，马克思通过相对剩余价值生产理论，分析了竞争如何推动技术进步的内在机制。如前所述，在资本主义经济中，相对剩余价值生产是生产剩余价值的最主要方法。竞争的压力迫使企业采纳新技术，推动生产率变革，最终在提高剩余价值率的同时促进了整个社会生产力水平的提高。在这个理论里，马克思在相当程度上为资本主义完成了一个"辩护"。因为按照相对剩余价值生产理论，剩余价值最大化和生产率进步，是一个互为前提、合二为一的过程。如果说前者即剩余价值最大化体现了资本主义生产当事人的贪欲，后者则最终实现了人类生产力的进步。此外，在相对剩余价值生产中，由于消费品的单位价值量因生产率提高而普遍下降，因此，其中还蕴含着工人实际工资增长的可能性。这样一来，相对剩余价值生产过程在某种程度上就成了"看不见的手"原理的马克思主义版本。因为它从资本家个人追求剩余价值的贪欲出发，最终达到了促进社会生产力进步和提高工人实际工资的结果，也就是说，最终促进了全社会的利益。[②]不过，我们在此也不应无限夸大这种类比。因为在马克思那里，剩余价值最大化和生产率进步虽然最初是并行不悖的，最终却会加剧资本积累的内在矛盾（剩余价值生产和剩余价值实现的矛盾），为危机的形成铺就了道路。在这个意义上，马克思又指出了"看不见的手"原理或市场的自我调节的根本局限。

第二，在一部分马克思主义者眼中，竞争是社会生产的无政府状态的同义语，后者一方面构成了危机的直接根源，另一方面也有可能使整个资本主义生产方式面临彻底颠覆的危险。这种观点追根溯源来自恩格斯的《大纲》，并在斯大林的资本主义总危机理论中达到了巅峰。与这类完全否定竞争和市场的自我调节作用的观点不同，马克思在《资本论》里实际上形成了一种更为辩证的看法。一方面，在他的理论中，与竞

---

① 参见《马克思恩格斯全集》第一卷，人民出版社，1965，第 607 页。

② 在马克思的相对剩余价值生产模型中，不仅剩余价值率在提高，工人的实际工资也可以提高，前提是实际工资的提高不能超过生产率增长的速度。这一结果在布洛威这样的马克思主义者看来，意味着实现了资本家和工人之间在分配上的正和关系。对此问题的进一步分析，可见孟捷《资本和劳动之间的正和关系研究》，《经济研究》2011 年第 4 期。

争相伴随的无政府状态并不全然是消极的，而是技术进步内在机制中的组成部分。另一方面，即便对古典周期中的危机，马克思有时也会从正面来理解，即把它看作克服资本主义经济内在矛盾、使失去平衡的关系强制性地恢复平衡的途径。为此，在《资本论》第四卷里，马克思还特地表达了这样的看法：并不存在永久的危机，危机必然发生，但又必然度过。①

演化经济学家梅特卡夫曾经提出了一个由所谓三阶段构成的经济演化模型，这个模型和马克思的相对剩余价值生产模型存在着某种可比性。依照梅特卡夫的观点，经济的结构性转变包含着三个阶段：第一个阶段是行为的变异或微观多样性；第二个是将变异转变为经济变迁模式的选择过程；第三个阶段则是产生和再产生行为变异的发展过程。② 在马克思的相对剩余价值生产模型里，也可以说存在着对应的三个阶段，第一个阶段：微观企业的创新或行为的变异；第二个阶段：通过部门内竞争，创新型企业的新的生产率标准逐渐在部门内成为统一的标准，其结果是导致剩余价值率在全社会普遍提高。在此基础上，新的变异或创新又会出现，即进入第三个阶段。和演化经济学不同的是，马克思在劳动价值论的基础上以一种独特的方式描述了第二阶段的"协调"过程。此处的"协调"是梅特卡夫采用的术语，涉及部门内、部门之间以及宏观意义上的各个层次的协调，其含义是通过选择将变异转变为经济变迁的模式。③在马克思的相对剩余价值生产模型里，部门内竞争起到了选择机制的作用，它将新的生产率标准转化为部门内的社会标准，属于梅特卡夫意义上的第一层次（即部门内）的协调。④

需要强调的是，马克思对这一协调过程的描述，是以劳动价值论为基础的。他通

---

① 马克思和恩格斯所面对的危机只是古典危机，即传统经济周期的一个阶段。马克思并未思考也不可能思考资本主义发展的长波问题，也未曾分析作为长波转折点的结构性危机。这样一种危机其起因和古典危机不尽相同，更多地与技术革命和制度因素有关。像 19 世纪 70 年代、20 世纪 20～30 年代、20 世纪 70 年代的危机，都是这种结构性危机。这些危机不同于古典危机，无法像马克思所说的那样自动地度过，而要借助于制度变革和技术革命的力量才能化解。由于不同国家在不同时期的制度调整能力互有差异，这就给处于具体历史 - 地理下的资本主义发展留下了不确定性的空间。对这类危机的分析，是当代政治经济学流派，如法国调节学派和美国社会积累结构学派分析的重点。这些流派丰富了马克思主义的传统理论，它们甚至被直接看作当代演化经济学的组成部分。

② 见梅特卡夫《个体群思维的演化方法与增长和发展问题》，载多普菲主编《演化经济学——纲领与范围》，贾根良等译，高等教育出版社，2004，第 131、139 页。

③ 参见梅特卡夫《个体群思维的演化方法与增长和发展问题》，载多普菲主编《演化经济学——纲领与范围》，贾根良等译，高等教育出版社，2004，第 135 页。

④ 在部门内形成的产品社会价值的基础上，便可进入第二层次的协调，即通过部门间竞争形成一般利润率。最后则是在社会总资本再生产层次上的协调，这种协调的特点是通过个别资本的自发运动，达成社会年产品实现的平衡条件。但马克思同时指出，在社会总资本再生产层次上的协调是最为困难的，因为相关平衡条件往往会遭到破坏，最终不得不通过危机来恢复平衡。在这个意义上，周期性危机便成为协调的内在机制。

过个别价值和社会价值概念阐释了超额剩余价值范畴，并通过围绕市场份额的竞争描述了部门内的协调机制。在部门内竞争的基础上，马克思还解释了相对剩余价值率在宏观层面的增长，并借此说明了技术进步和资本积累之间的内生性联系。在马克思那里，劳动价值论对描述整个经济的技术变迁过程起到了格外重要的作用。[①]事实上，如果说存在着"马克思主义的"竞争和市场协调理论的话，其依据便在于劳动价值论在竞争理论中所起的作用。相形之下，演化经济学在价值理论的态度上则是含混不清的。就笔者所知，演化经济学迄今为止还没有一个独立的价值理论。而是否需要一个演化的价值理论，在演化经济学家那里似乎也还未被讨论过。这一缺失无可避免地标志着演化经济学自身发展的欠成熟。

与经济演化的上述三阶段模型相适应，演化经济学家还提出，资本主义经济中的效率概念和新古典意义上的资源配置的静态效率全然无关。资本主义市场经济的效率在于其接纳创新的动态能力。用梅特卡夫的话来说，"市场制度的重要特征就在于它们促成了对新机遇的调适，同时创造激励以诱发对现状的新挑战。它们在静态意义上是否有效率并不是问题。重要的是，市场机制具有使经济体系向更有效率的状态演化的能力"。[②]类似的，美国著名经济学家鲍莫尔，也在其近著里写道："典型的资本主义经济与所有其他经济体系最鲜明的差别就是自由市场经济中存在的压力迫使企业不断地进行创新，因为创新对许多企业而言是生死攸关的。标准福利经济学所强调的静态效率特征并不是资本主义经济最重要的特性。"[③]

毋庸赘言，处于不同历史－地理条件下的市场经济国家，在这方面的能力是各不相同的。马克思经济学传统上没有从制度分析的角度探讨这个问题。但在现代马克思主义经济学中，这一局面正在改变。以美国学者克罗蒂为例，他对"二战"后发达资本主义竞争体制的分析，就与演化经济学的分析传统多有契合之处。在克罗蒂看来，当代资本主义经济的核心产业大多具有自然寡头垄断的特征，只有通过建立适当的竞争体制，才能将这些产业的竞争限制在一定范围内，在避免破坏性竞争的同时，尽可能地发挥竞争的正面效应。"二战"结束后，在主要发达资本主义国家形成的福特主义

---

[①] 对此问题还需要更多的讨论和研究。可参见孟捷《劳动价值论与资本主义再生产中的不确定性》，《中国社会科学》2004年第3期。

[②] 梅特卡夫：《个体群思维的演化方法与增长和发展问题》，载多普菲主编《演化经济学：纲领与范围》，贾根良等译，高等教育出版社，2004，第140～141页。另见梅特卡夫《演化经济学与创造性毁灭》，冯健译，中国人民大学出版社，2007，第14页。

[③] 鲍莫尔：《资本主义的增长奇迹》，中信出版社，2004，前言Ⅵ页，另见该书6~7页。值得指出的是，鲍莫尔并不是严格意义的演化经济学家，他的观点是具有变革精神的新古典主义者和演化经济学家的某种综合。在他的书里，一方面是对演化经济学甚至对马克思和恩格斯思想的极力推崇，另一方面又充满了小心翼翼的辩白，以期证明自己并非是对新古典主义的彻底背叛。他对马克思恩格斯思想的高度评价，见于该书前言Ⅷ页，以及第5页和第11页诸处。

竞争体制造就了大资本之间"相互尊重的竞争",这一竞争体制与所谓"资本-劳动协议"(Capital - labor Accord)一起,在宏观层面协调了供给和需求的矛盾,最终带来了资本主义历史上前所未有的"黄金年代"。而 20 世纪 80 年代以来崛起的新自由主义的积累和竞争体制则因无力协调供需失衡和持续恶化的破坏性竞争,始终难以将发达资本主义经济拖出长期衰退的泥淖。① 如果我们以比较的眼光看待青年恩格斯和克罗蒂的观点,就能发现"激进"政治经济学看待竞争的态度发生了巨大的变化。对竞争的道德批判让位于更加辩证的关于竞争的制度分析。政治经济学家并没有忘记竞争那张"美杜莎的怪脸"。但与《大纲》里的纯粹道德评价不同,以克罗蒂为代表的现代政治经济学家着力探寻的,是通过制度架构来约束破坏性竞争的可能性,以便在同时发挥竞争的积极作用。

另一方面,演化经济学的上述效率观还适用于比较市场经济和计划经济制度的绩效。传统马克思主义经济学低估了市场经济制度在促进技术创新方面的能力,同时也高估了现实存在的计划经济制度在这方面的能力。甚至熊彼特在这个问题上也曾受到马克思主义的影响而犯了错误。在其晚年的《资本主义、社会主义和民主》一书中,熊彼特曾专辟一章,提出社会主义终将代替资本主义。在论证这个观点时,熊彼特提出了如下理由。在垄断资本主义条件下,资本主义大公司成了创新的主体,而这些大公司管理创新的方式,是通过内部计划来安排创新,这样一来,创新就变成了公司内部的某种例行事物。在这个基础上,熊彼特大胆地推论:既然创新可以由资本主义大公司来规划,这些大公司就完全可以为一个中央计划机关所取代,即由中央计划机关来规划和组织创新。

然而,市场经济体制在冷战结束后的全面胜出否证了熊彼特的观点。演化经济学家对苏联和日本的国家创新体制的比较,也发现一个纯粹的中央计划经济和有调节的市场经济在创新绩效上存在重大差异。② 为此,一些演化经济学家在冷战结束后重新反思了熊彼特的上述观点,他们提出:资本主义大公司内的创新并没有像熊彼特所说的那样,完全降低为由计划安排的例行事物;创新因其固有的不确定性,很难由某个计划机关通过命令来规划;以分散决策为特征的市场经济,其作用正在于为各种思想的经济实验提供制度的条件,这一点从根本上解释了有调节的市场经济相对于纯粹的中央计划经济的优势。③

---

① 对克罗蒂的介绍,可参见孟捷、向悦文《克罗蒂和布伦纳的破坏性竞争理论比较研究》,《经济纵横》2013 年第 5 期。

② 可参见弗里曼和苏特在《工业创新的经济学》(北京大学出版社,2004)第 12 章里的有关介绍。

③ 参见罗森伯格《探索黑箱》,商务印书馆,2004,第 5 章;纳尔森《经济增长的源泉》,中国经济出版社,2001,第 112～113 页。在演化经济学的国家创新体系分析中,除了市场竞争机制以外,一些非市场的制度也在创新中发挥了重要的作用。因此,并不是纯粹的自由市场经济才是推动创新的引擎,而是以市场体系为基础,结合了其他制度(包括国家乃至军备生产)的创新体系,才是最富有绩效的。

　　20 世纪的历史为我们发展马克思主义的竞争理论提供了丰富的历史素材。同时，演化经济学的发展又为我们提供了可资借鉴的理论。从思想史的角度来看，演化经济学对当代马克思主义经济学的影响是不平衡的。并不是所有马克思主义经济学家都认识到了这种影响，或者认识到了向演化经济学借鉴的重要性。演化经济学和马克思主义经济学的融汇，大概肇始于法国调节学派。[①]近年来，笔者一直持有这样的观点，即包括当代演化经济学在内的许多"异端经济学"流派，事实上相当于马克思当年面对的"古典经济学"。只有积极地借鉴和融汇这些当代的"古典经济学"，马克思主义政治经济学才有可能再度复兴，真正有说服力地回应 21 世纪的市场经济所面临的重大问题。

---

[①]　相比较而言，在同时代的社会积累结构学派那里就不太容易辨识出来自演化经济学的影响。不过，这一局面或因克罗蒂竞争理论的提出而在某种程度上有所改变（克罗蒂在解释 20 世纪 70 年代的危机时属于社会积累结构学派）。笔者之一曾讨论过调节学派和社会积累结构学派在其各自的理论中对待技术创新的不同态度，见孟捷《资本主义经济长期波动的理论：一个批判性评述》，《开放时代》2012 年第 10 期。

# 复杂劳动的还原问题研究[*]

藤森赖明　李帮喜[**]

**摘　要**　本文首先通过一个数值例简单介绍了异质劳动和 Marx – Hilferding 还原问题的梗概，进而给出了封闭列昂惕夫经济的价值、还原比率的决定方程式；其次明示了封闭列昂惕夫经济的剩余价值（率）与剩余劳动（率）的一致性；最后明确了存在异质劳动时马克思基本定理的成立仅限于有剩余生产物存在的情形。

**关键词**　复杂劳动　简单劳动　还原比率　封闭列昂惕夫经济　马克思基本定理

## 一　引言：几个基本概念

### （一）异质劳动

马克思在讨论商品价值时，注意到了劳动本身存在各种各样的差异这个问题。

与通常的商品一样，劳动也存在很多种类。我们在日常生活中所观察到的劳动差异，如在面包房烤面包的面包师傅的劳动、服装店裁缝的劳动等，这种劳动的差异跟生产出来的商品的质的差异密切相关。

由此可以根据劳动对象以及形态的不同来区别不同的劳动，我们称这种劳动为异质劳动。马克思所指的劳动的种类不一定都是一般意义上的异质劳动。

### （二）简单劳动和复杂劳动

考虑到劳动的质与由劳动生产的商品的使用价值的关系，它们的质的本身对商品交换及利润的测定并没有太大的意义。问题是，被区分的不同劳动所创造的价值量的大小会有何差异？

如果不同的劳动在创造价值时存在数量能力方面的差距，而且该差距不可忽视的话，那么要跟讨论商品本质的情形一样，应该考察它产生数量差距的原因。

从这个意义上，我们以下把作为分析对象的劳动的差异，在每个劳动者的熟练程度上的差异的基础上进行区分。进行了这种区分的劳动的种类被称为简单劳动和复杂

---

　　*　此文是清华大学骨干人才支持计划（清骨干 20131112）的成果。

　**　藤森赖明，日本早稻田大学政治经济学院教授，经济学博士，博士生导师。李帮喜，清华大学《资本论》与当代问题研究中心、清华大学社会科学学院经济学研究所讲师，经济学博士。主要研究领域：数理马克思经济学、线型经济理论。

劳动。

不需要经过特别的教育、训练而得到的劳动被称为简单劳动;经过一定程度的教育、训练而得到的劳动被称为复杂劳动,或者熟练劳动。

"比较复杂的劳动只是自乘的或不如说多倍的简单劳动,因此,少量的复杂劳动等于多量的简单劳动。……各种劳动化为当作它们的计量单位的简单劳动的不同比例,是在生产者背后由社会过程决定的,因而在他们看来,似乎是由习惯确定的。……我们以后把各种劳动力直接当作简单劳动力,这样就省去了简化的麻烦。"(马克思:《资本论》第 1 卷,中共中央马克思恩格斯列宁斯大林著作编译局译,第一册,第一篇,第 1 章,第 2 节,人民出版社,2004,第 58 页)

马克思对复杂劳动这个问题只是简单地提及了一下,他所假定的劳动者一般都是进行简单劳动的。因此,在马克思之后就有一个问题被遗留了下来:复杂劳动的 1 小时相当于简单劳动的几个小时,这就是被称为还原问题的问题。

本文的目的就是要构建一个能体现马克思未能充分展开的关于简单劳动和复杂劳动的差异的理论。

我们要讨论的问题是马克思所说的在生产者的"背后",决定还原比率的体系到底是个什么样的体系,在有复杂劳动的经济中马克思基本定理是否依然成立,或者它的成立是否要追加其他条件,而这个具体又是一个什么样的条件,我们要在本文明确这些问题的答案。

从学说史的角度来看,继马克思之后最早讨论复杂劳动还原问题的是 Hilferding。[①]继其之后置盐信雄[②]和 Rowthorn[③] 进而加之以数理分析的框架,不过最终未能完成。Fujimori[④] 对置盐的还原方程式进行了最终完善。[⑤]

---

① Hilferding, R., Böhm – Bawerk's Marx – Kritik (1904), in Sweezy, P. M., *The Theory of Capitalist Development* (Monthly Review, 1942).

② Okishio, Nobuo, *The Fundamental Theory of Capitalist Economy* (in Japanese) (Soubunsha, 1965).

③ Rowthorn, B., "KomplizierteArbeit in Marxschen System", in Nutzinger – Wolfstetter (Hrsg.) *Die MarxscheTheorie und IhreKritik II* (Herder & Herder, 1974), pp. 129 – 163; Rowthorn, B., *Capitalism, Conflict and Inflation* (Lawrence &Wishart, 1980).

④ Fujimori, Yoriaki, *Modern Analysis of Value Theory* (Springer, 1982).

⑤ 置盐所定义的还原比率的公式主张教育部门的资本品的价值成为熟练劳动的价值创造力的一部分,这一定义是有问题的。Fujimori (1982, Ch.5) 对这一定义进行了彻底的修正,并把还原方程式从列昂惕夫经济扩展到更为一般的冯·诺伊曼经济,用线性规划方法详细分析和完善了复杂劳动的还原问题。这一时期对异质劳动、还原比率以及马克思基本定理进行数理分析和证明的代表性文献还有 Bowles, S., Gintis, H., "The Marxian Theory of Value and Heterogeneous Labour: A Critique and Reformulation", *Cambridge Journal of Economics* 2 (1), 1977; Bowles, S., Gintis, H., "Prof. Morishima on Heterogeneous Labour and Marxian Value Theory", *Cambridge Journal of Economics* 2 (3), 1978; Hollander, H., "A Note on Heterogeneous Labour and Exploitation", *Diskussionsbeiträgezur Politischen Ökonomie* (14), 1978; Krause, U., "Heterogeneous Labour and the Fundamental Marxian Theorem", *Review of Economic Studies* (48), 1981 等。

## 二　简单劳动和复杂劳动

### （一）还原系数

复杂劳动跟简单劳动同样是被支出到生产中去，并加入劳动价值的形成中。从这个意义上来讲，复杂劳动和简单劳动的区别不是质的区别而是其创造价值的大小的量的区别。即 1 单位的复杂劳动换算成了几倍的简单劳动。这个换算比率被称为还原系数，或者还原比率。决定还原系数的问题被称为还原问题。

### （二）徒弟的培养：一个简单的例子

我们来看一个师傅培养 5 个徒弟的简单训练过程。其中师傅可以进行复杂劳动，而徒弟只能进行简单劳动。

假设训练过程中所需要的工具及器材可以忽略不计，通过 1 个单位期间的训练，徒弟能够达到与师傅相同的作业水平。

令徒弟单位时间的简单劳动所创造价值的大小为 1，师傅单位时间可创造价值的大小为 $\gamma$。这个即是还原系数。

训练过程生产的是复杂劳动力。复杂劳动力是作为一种商品来生产的，所以跟通常的商品一样，要从质和量这两个层面来考察。

量的层面，即从价值层面来看，生产的复杂劳动力的价值由其再生产所需的消费品和训练中的指导者即师傅的复杂劳动力的价值的合计来确定。

复杂劳动力的再生产所需的消费品是维持基本生活的必需消费品，它可以分为两个部分，一部分是进行复杂劳动的劳动者和进行简单劳动的劳动者之间无区别的部分，另一部分是为获取及维持自身知识所需的必要书籍的购买费用等复杂劳动者所固有的消费品的部分。为简单起见，我们忽略复杂劳动者所固有的消费品部分。这样，任何一个劳动者都消费相同的消费品。

令每人的消费品价值为 $v$。从现在的例子来看，它与简单劳动力的价值相等。这样一来，5 个徒弟要获得复杂劳动力，就必须要追加 1 个师傅的复杂劳动力。令单位复杂劳动力的价值为 $V$，则有

$$5V = V + 5v.$$

由此可知，复杂劳动力的价值 $V$ 可由下式确定。

$$V = \frac{5}{4}v$$

当然，复杂劳动力的价值要比简单劳动力的价值大。

由上可知，从量的层面来看，复杂劳动力是一种价值体，此时的价值是死劳动。

然而，从质的层面来看，不论是简单劳动还是复杂劳动，劳动力的质指的是活劳动本身，它具有创造新增价值的价值创造力。

价值创造力是由能创造多少价值的数量尺度来衡量的一种性质。我们要看到，劳动力商品的特殊性在于，它的质正是数量尺度本身。

假设单位复杂劳动力可支出 1 单位的复杂劳动，单位复杂劳动所创造的新价值大小为 $\gamma$。这个就是还原系数。

我们回顾一下生产物的价值形成过程就能知道，一方面，若活劳动被支出到通常商品的生产中，它将物化为价值，也就是说变成死劳动。这就是活劳动的物化。另一方面，死劳动（价值）本身作为死劳动（价值）转移到生产物中去。但是，死劳动本身不会直接创造新价值，或者说不可能直接转化为创造新价值的源泉。价值创造力是活劳动固有的特殊性质，这是马克思劳动价值学说的一个基本原理。

那么作为训练过程中出现的复杂劳动力的质的价值创造力又是如何运动的呢？

师傅所具备的价值创造力是否也由于创造新价值而物化为死劳动呢？如果真是那样的话，它就构成了徒弟将来创造的复杂劳动力价值（死劳动）的一部分。这样，可有下式成立。

$$5V = \gamma + 5v$$

显然，这个公式无法决定 $\gamma$、$V$、$v$ 的值，也无法明确复杂劳动力是通过怎样的一个体系来进行其复杂劳动的，以及复杂劳动还原系数的具体关系。

还原系数是简单劳动的价值创造力对复杂劳动的价值创造力的比率。如果不在价值创造力的量纲下确立这个关系式，则无法来决定它的大小。

我们来看一下训练过程中徒弟们是如何活动的。徒弟们并非始终只是坐在那里看着师傅。他们会努力地通过实践来掌握所学的技能。他们的活动如果只是作为进行简单劳动的劳动者所进行的活动，那么这种活动应该是他们工资范围内的活动。这种自我努力是作为自我劳动来支出的。但是，我们把它称为自我劳动是因为它仍然不是作为生产性支出来物化为价值体的。这种自我劳动当然会算定到复杂劳动中去的，那这又是在怎样的量纲下进行的呢？它是作为复杂劳动所具有的价值创造力的一部分来算定的。

如果将徒弟的自我劳动算进将来会掌握的复杂劳动的价值创造力中，而且作为师傅为训练徒弟而进行的复杂劳动直接跟徒弟将来的复杂劳动相关的话，那么通过整个训练过程，师傅的复杂劳动必须要一直作为一种价值创造力在运动。即，在训练过程中，师傅拥有的价值创造力并非创造新价值，而是把它转移给徒弟。如此，在价值创造力的量纲下可以确定这个公式。也就是说，5 个徒弟的复杂劳动的价值创造力应该跟

一个师傅具备的价值创造力再加上 5 个徒弟自我劳动的总和相等。即

$$5\gamma = \gamma + 5.$$

因此

$$\gamma = \frac{5}{4},$$

还原系数在此得以确定。[①]

由上可知，通过考察训练过程中复杂劳动力形成过程中的价值创造力的运动，我们看到了新的人类劳动的转移形态，即活劳动到活劳动的转移。这个转移被称为培养。

上述例题中得到的还原系数跟工资比率的大小一样，这只是简单化以后的例子所特有的现象，一般情况下不一定成立。这一点我们将在后面的讨论中予以明确。

## 三　劳动的转移形态

我们来考察和回顾一下马克思的劳动和价值的运动。

要点之一是，活劳动作为劳动力的功能来把握，且作为商品的劳动力用价值（死劳动）来衡量它的量的规则。这一点不论是简单劳动的情形还是复杂劳动的情形都是一样的。

下面我们来考虑作为简单劳动和复杂劳动的背景的简单劳动力和复杂劳动力。同时，严格区分活劳动和死劳动的量纲。

商品生产中所见的劳动的运动有两点。其一是原材料等的价值（死劳动）作为价值转移到所生产的商品中去，其二是活劳动由于劳动支出会物化到新生产的价值中去（见图 1）。

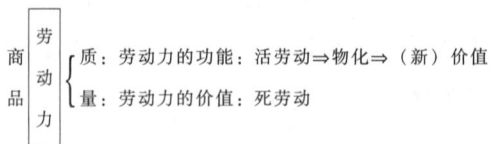

商品   劳动力 $\begin{cases} \text{质：劳动力的功能：活劳动}\Rightarrow\text{物化}\Rightarrow\text{（新）价值} \\ \text{量：劳动力的价值：死劳动} \end{cases}$

**图 1　劳动力商品的质（使用价值）和量（价值）**

价值增值过程中，与其被认为是劳动力价值的转移，不如说作为劳动力功能的劳动新创造价值的大小，以及超越它的新价值中包含劳动力价值的部分即剩余价值的大小，才是资本家最为关心的问题。这是一个很明显的道理。

---

① 当然，我们这里考虑的是一种最为简单的情形。

复杂劳动的教育、训练可以从量（共通尺度、价值）和质（使用价值）这两个层面来看。

复杂劳动力在作为商品生产的教育过程中被形成；复杂劳动力具有的功能，即倍增的价值创造力同时在教育过程中形成。

复杂劳动教育过程的最大特征是它的结果具有的质即为价值创造力本身这一点。因此，教育、训练过程中的活劳动可以看成价值创造力。

也就是说，训练者看上去是在支出复杂劳动，但其复杂劳动并非是被物化到价值中来形成被训练者的复杂劳动力价值，而必须作为将来要进行复杂劳动的被训练者所具备的价值创造力留存起来。换言之，复杂劳动者具有的价值创造力是训练者进行的简单劳动和复杂劳动与被训练者的自我劳动的一个合计。结果，教育过程中物化为价值的劳动投入为零。

同时，复杂劳动力的价值是其必要投入价值的合计，即由物质投入、简单劳动力、复杂劳动力的合计来决定的。

因此，劳动力的价值犹如不变资本一样，其中教育、训练者的复杂劳动力价值转移到了被训练者的复杂劳动力价值中。

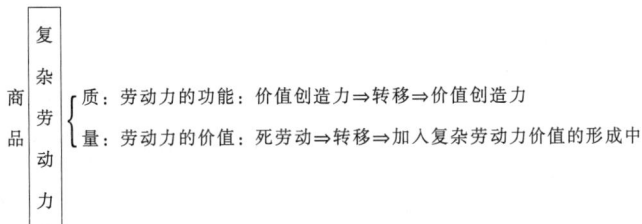

商品　复杂劳动力　｛质：劳动力的功能：价值创造力⇒转移⇒价值创造力
　　　　　　　　　量：劳动力的价值：死劳动⇒转移⇒加入复杂劳动力价值的形成中

**图 2　复杂劳动力商品的质（使用价值）和量（价值）**

我们来整理一下生产一般商品和生产复杂劳动力商品的生产部门中劳动的运动即劳动的转移形态，可做如下表示。

物化：　由活劳动到死劳动

转移：　由死劳动到死劳动

培养：　由活劳动到活劳动

在商品的生产过程中所观察到的是物化和转移的运动，而在教育过程中发生的是转移和培养的运动。

通过考察复杂劳动力的质和量的问题可知，质是一种诸如价值创造力的活劳动量纲的运动，而量是一种诸如价值的死劳动量纲的运动。只要正确把握这种运动，我们可以知道其实还原问题与马克思的劳动价值学说并不矛盾。

## 四 复杂劳动与马克思的价值论

假定某个经济的商品有 1 种，劳动由简单劳动和复杂劳动这两种构成。商品的生产需要它本身以及简单劳动、复杂劳动的支出。令表示商品生产中所投入的商品数量的投入系数为 $a$，商品生产所需的简单劳动、复杂劳动数量的系数分别记为 $\ell$、$L$，且 $a$、$L$、$\ell > 0$。单位复杂劳动相当于几单位的简单劳动，这个换算比率即为还原比率。还原比率是复杂劳动所具有的价值创造力的一个指标。我们把还原比率记为 $\gamma$。令商品的价值为 $w$，那么决定商品价值的公式即是

$$w = wa + \gamma L + \ell \qquad (1)$$

简单劳动不需要教育和训练过程，它通过简单劳动力的再生产，即通过把一定量的工资品分配给简单劳动者就可以进行再支出。因此，若令单位简单劳动的再生产所需消费品的量为 $f$，那么简单劳动力的价值 $v$ 可由式（2）决定。

$$v = wf \qquad (2)$$

复杂劳动的培养需要生产资料等的商品、简单劳动、复杂劳动。即，复杂劳动要再生产作为其基础的复杂劳动力，需要对其进行教育及训练，而教育过程也需要支出商品、复杂劳动、简单劳动，还需要被训练者的自我劳动。

假设拥有 1 单位复杂劳动力的劳动者具有进行 1 单位复杂劳动的能力。令教育过程中商品的投入系数为 $J$，复杂劳动、简单劳动的投入系数分别为 $T$、$t$，复杂劳动力的价值为 $V$，那么它可由式（3）决定。

$$V = wJ + VT + vt \qquad (3)$$

最后的还原比率可由式（4）来决定。

$$\gamma = \gamma T + t + 1 \qquad (4)$$

我们通过比较每个公式的两边，可知每个公式左右两边的量纲是相同的。

关于变量 $w$、$v$、$V$、$\gamma$ 有 4 个独立的公式，所以可以唯一决定每个变量的值。如果商品生产过程和教育过程是生产性的，那么它们的值均为正。令 $a > 0$，$T > 0$，$L > 0$，$\ell > 0$，那么 $0 \leq a < 1$ 且 $T < 1$ 与 $w > 0$，$v > 0$，$V > 0$，$\gamma > 0$ 等价；$\gamma > 1$，$V > v$。还原比率的决定不依存于商品的生产。正如马克思所说，它是在生产者的"背后"决定的。

## 五 封闭经济模型

我们来考虑一个包含教育部门的完全封闭的经济体系，在以上的框架中，从形式

上来看经济由生产资料等商品、复杂劳动力、简单劳动力三部分构成。

在此，令投入系数群为 $A = \begin{pmatrix} a & J & f \\ 0 & T & 0 \\ 0 & t & 0 \end{pmatrix}$，$L = \begin{pmatrix} L & 0 & 0 \\ \ell & 0 & 0 \end{pmatrix}$，$\tau = (1, 1)$，$T = \begin{pmatrix} T & 0 \\ t & 0 \end{pmatrix}$，

形式上的工资品矩阵 $F = \begin{pmatrix} 0 & 0 \\ 1 & 0 \\ 0 & 1 \end{pmatrix}$ 为给定的技术信息，那么价值和还原比率的决定体系

可由这些系数来进行描述。实际上，有

$$(w, V, v) = (w, V, v)A + (\gamma, 1)L, (\gamma, 1) = (\gamma, 1)T + \tau.$$

我们来考虑一下对应价值和还原比率的数量问题。若令商品的产出量为 $x$，复杂劳动和简单劳动的总雇佣（量）分别为 $N, n$，那么对 $x$ 有

$$\begin{pmatrix} N \\ n \end{pmatrix} = L \begin{pmatrix} x \\ N \\ n \end{pmatrix} + T \begin{pmatrix} N \\ n \end{pmatrix}.$$

总雇佣是商品生产中直接和间接需要的劳动量，进而有

$$(\gamma, 1) \begin{pmatrix} L \\ \ell \end{pmatrix} x = \tau \begin{pmatrix} N \\ n \end{pmatrix}. \tag{5}$$

即，支出到商品生产中的劳动是基于总雇佣的自我劳动的集成。

## 六 剩余价值论

令复杂劳动的剩余价值率和简单劳动的剩余价值率分别为 $\mu_s$、$\mu_o$。

$$\mu_s = \frac{\gamma}{V} - 1, \quad \mu_o = \frac{1}{v} - 1.$$

一般来讲，$\mu_s \neq \mu_o$。也就是说，剩余价值率均一的命题不成立。剩余劳动是 $\begin{pmatrix} N \\ n \end{pmatrix} - \begin{pmatrix} \overline{N} \\ \overline{n} \end{pmatrix}$，这里的 $\overline{N} = L\bar{x}$，$\bar{n} = \ell\bar{x}$，$\bar{x}$ 是 $\bar{\mathbf{x}} = A\bar{\mathbf{x}} + F\begin{pmatrix} N \\ n \end{pmatrix}$ 的 $\bar{x}$ 中的第一个元素。由此可知，不同种类劳动的剩余价值率是

$$\eta_s = \frac{N}{\overline{N}} - 1, \quad \eta_o = \frac{n}{\bar{n}} - 1.$$

这里依然有 $\eta_s \neq \eta_o$。

但是从经济整体上来进行加总的话，基本等式是成立的。活劳动物化为价值，而剩余价值的生产只是在物质生产部门进行，所以

$$剩余价值 = (\gamma - V, 1 - v) Lx,$$

$$剩余劳动 = (\gamma, 1) \begin{pmatrix} N - \bar{N} \\ n - \bar{n} \end{pmatrix}。$$

由上可知，等式

$$剩余价值 = 剩余劳动$$

成立。

很明显，对总计的剩余而言，如果剩余价值率、剩余劳动率用社会平均值来定义的话，它们是一致的。

## 七　马克思基本定理

我们来考察一下由三个商品构成的经济的生产价格的决定体系。令商品 $i$ 的价格为 $p_i$，价格向量为 $p = (p_1, p_2, p_3)$，利润率为 $\pi$，则有

$$p = (1 + \pi) p(A + FL).$$

这个公式形式上跟同质劳动的情形是一样的。

关于利润率的正值性的马克思基本定义可表述如下。

**定理**　［马克思基本定理］　（1）$\min_j \eta_j = \eta^m > 0 \Rightarrow \pi > 0$；（2）$\pi > 0 \Rightarrow \max_j \mu_j = \mu^M > 0$。若使用封闭体系下的 von Neumann 产出比率，可以得到跟同质劳动的情形相同的 Mor-ishima – Seton 等式。[①]

## 八　结语

本文首先通过一个简单的数值例介绍了跟复杂劳动相关的几个基本概念以及 Marx – Hilferding 还原问题的梗概，进而明确了列昂惕夫经济中决定价值、还原比率的基本方程式。

我们知道，熟练劳动的培养是对活劳动即价值创造力集中化的过程，因此生产成果是从事直接或间接生产的所有劳动者的共同劳动成果。培养所需要的物质生产资料价值是劳动力价值的一部分，但它并不作为价值创造力而转移。如果明确区分价值和价值创造力，那么在封闭列昂惕夫经济中剩余价值（率）与剩余劳动（率）一致。

---

[①]　关于复杂劳动问题、Morishima – Seton 等式以及马克思基本定理的详细证明可参见 Fujimori (1982, Ch. 5)。

在复杂劳动存在的列昂惕夫经济中，马克思基本定理的成立仅限于有剩余生产物被生产的情形，也就是说仅限于"可增长领域"内的情形。而在"可增长领域"外的经济状态下，对于某种劳动可能会出现负的剩余率。这也许可以解释为劳动者对劳动者的一种剥削，但是资本家对劳动者的这种"不完全"剥削状态一般不具有可持续性。也就是说，马克思基本定理以及与之相关的基本不等式依然可以解释经济的长期增长过程。

还原比率虽然不是解释数量层面的价格和工资率大小的一种比率，但是通过还原比率我们可以知道物质部门生产了多少新的价值，这在考虑非物质生产部门劳动和物质生产部门劳动之间的关系时非常重要。

本刊特稿

# 皮凯蒂给中国收入分配研究的启示

荣兆梓<sup>*</sup>

荣兆梓<sup>*</sup>

托马斯·皮凯蒂在中文版序言中表示担心：中国读者读《21世纪资本论》"可能会觉得事不关己"，因为欧美国家对不平等现状的烦恼"与中国相去甚远"，但他"恐怕是完全想错了"。中国人对其研究的关注程度可能比欧美国家更甚，至少不会比欧美国家更少。并不是因为我们的不平等程度比他们更高，而是因为我们正处于发展方式转型与经济体制全面深化改革的关键时期，在体制与机制的选择上有更多余地。皮凯蒂的研究虽然以欧美国家为样本，却对中国有更大的现实意义。

## 一 最大启示在于构建事实的理论方法

多数论者认为：皮凯蒂的主要贡献是"通过数据构建历史进程"，他用时间序列数据描述了主要西方国家三百年的收入与财富分配事实，验证了市场经济导向不平等分配的长期历史趋势。这无疑是正确的。但是皮凯蒂给出的对历史事实的理论解释却引起争论，被许多人认为并不成功。那么皮凯蒂的工作对中国研究的启示究竟在哪里呢？难道仅仅是给出了市场经济收入分配趋势的"参照系"，以便于中国能够从别人的历史中看到自己的未来？事实并非如此，皮凯蒂的启示首先在研究方法，当然，这里所说的不是解释事实的理论方法，而是建构事实的理论方法。

皮凯蒂用以解释事实的理论方法来自新古典经济学，特别是新古典的增长理论。这个理论试图以资本与收入、储蓄率与增长率等若干宏观经济的恒等式解释市场均衡增长。皮凯蒂从历史数据中发现了资本收益率大于经济增长率的事实，进而修正新古典的增长模型，以解释"财富的不平等将无限地拉大"[1] 的市场经济不均衡趋势。正如有学者已经指出的那样，在这里，资本收益率大于经济增长率，特别是资本收益率长期保持5%，这件事本身恰恰是需要理论解释的。皮凯蒂的理论没有给出相应解释，因此它没有说服力。

所幸这并不是皮凯蒂理论方法的全部。皮凯蒂用以构建历史事实的理论不同于其解释事实的理论，它更多的是古典政治经济学的。皮凯蒂在搜集、整理，进而构建历

---

\* 荣兆梓，安徽大学教授。

① 托马斯·皮凯蒂：《21世纪资本论》，中信出版社，2014，第375页。

史事实的过程中全面地利用了古典政治经济学的理论方法，其要点包括：①阶级或阶层分析的方法。在古典政治经济学的传统里，经济概念与社会概念是相通的。皮凯蒂的历史研究虽然没有套用古典政治经济学的阶级概念，但根据个人收入和财富数量将社会人群划分为若干阶层，进而讨论其财富占有、职业分布和收入来源等，具体直观地描述了社会分配的总体情况。这种研究方法不受传统理论的教条约束，却增添了社会分层的事实依据。②要素收入的分析方法。市场经济的生产要素可以划分为劳动与资本两大类，古典政治经济学将二者的关系作为理论研究的主线。皮凯蒂认同并利用了这一研究套路，在历史数据中努力区分国民收入初次分配中的劳动收入和资本收入，在分别给出时间系列数据的前提下，综合讨论二者对分配不平等的影响。这种研究方法显然触及了经济关系的基础层面。③财产所有制及其对收入分配的影响。生产资料分配决定收入分配，这是马克思主义经济学重视所有制研究的原因。皮凯蒂并不认同马克思的理论，但他在收入分配研究中首先将注意力放在国民资本的核算上，以资本数量的变动来说明资本收入的变动（在皮凯蒂看来，资本收益率在长期中是不变的）。他花大力气搜集了足够数量的历史资料，分析了财富数量和结构变化对收入分配不平等的影响，这构成皮凯蒂分配理论的重要组成部分。

皮凯蒂对中国收入分配研究的有益启示，主要表现在他构建事实的理论方法中。

## 二 分配表是研究财富分配的最佳工具

讲收入分配问题，人们首先想到的是什么？是少数上层富人收入有多高，多数底层百姓收入是多少，二者在全部国民收入中各占多少份额。在此前提下，我们才可以进一步弄清楚，富裕阶层都是些什么人，他们的高收入从何而来；低收入的芸芸众生又是些什么人，他们主要靠什么维持生计。所谓中产阶级，其状况也只有在了解了两头的信息之后才能正确界定。没有这些基础信息，我们对社会收入分配状况的认识就始终是模糊的、不可靠的。可惜的是，这就是当今中国收入分配研究的现实。

我们的收入分配研究大多采用基尼系数或者泰尔指数这些综合指标，把全部收入分配数据归结为一个量化指标。如 2008 年我国城乡居民收入分配基尼系数达到 0.49，不平等程度很高，近两年在 0.47 上下，不平等程度有所缓解，但仍然偏高，与同期美国的收入分配基尼系数大体持平。我们的官方机构曾经发表过若干年份的基尼系数，有时还公布相应的 10 等分收入数据。但研究者很少利用这些数据编制类似皮凯蒂那样的分配表，最多只是据此计算了百分位比，如最高 10% 人群收入与最低 10% 人群收入之比。

皮凯蒂认为，用基尼系数这样的综合指标测度分配不平等程度"有时有用，但也带来了许多问题"。用一个数据概括所有不平等信息，"乍看起来简单明了"，"但难免让人误入歧途"。① 因为过度简化把不同性质的事物混为一谈，不能概述社会分配的多维现实，如财富分配不同层级之间的不平等，同一层级内部的不平等，劳动与资本的不平等，劳动收入的不平等，资本收入的不平等，等等。基尼系数把所有这些不同性质的问题混淆起来，使事实更难理解，而不是更加清晰。如下图两条洛伦茨曲线，显然对应着相同的基尼系数，但是二者体现的社会不平等有很大差别。细线体现的分配差异更多在 90% 的社会大众与 10% 的富裕人群之间，而粗线显示的分配格局则是更加贫困的下层 50% 和更加富裕的中上层 50%，社会被割裂为人数相等的两半。可见，单是一个系数并不能反映这些信息。

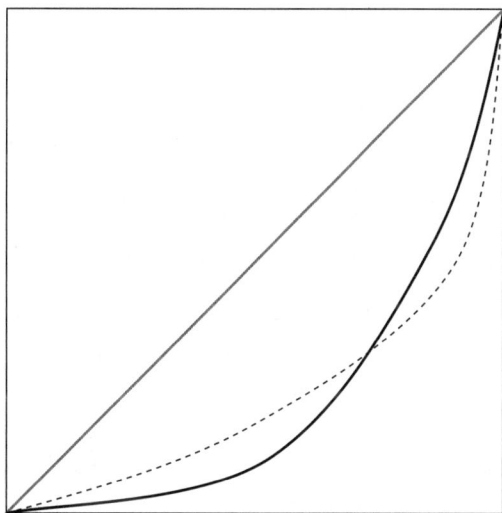

两个不平等社会的差异性

　　皮凯蒂主张用一种区分财富层级的分配表来分析不平等。他设计的分配表简单而实用，基本的层级只分为三个，最下层 50%，最上层 10%，以及处于二者之间的中间层 40%。特别的，他对最上层的 10% 做进一步的区分，观察其中顶层的 1%，有时候还有最顶层的 0.1%。下表是皮凯蒂编制的不同时空下的总收入分配表，这里的总收入包括了全部劳动收入和资本收入。

　　皮凯蒂用"更具体直观"、"前后一致、更加透明"概括了分配表的优点。② 对此我基本认同。自上而下地将社会人群（成年男人和女人）按收入或者财富占有划分为 10%、40%、50% 三组，分别计算他们在总收入或者社会财富中的比重，这对于描述一个社会的分配结构，既简单明了，又具体直观。不管你是不是经济学家或者社会学家，

---

① 托马斯·皮凯蒂：《21 世纪资本论》，中信出版社，2014，第 270 页。
② 托马斯·皮凯蒂：《21 世纪资本论》，中信出版社，2014，第 270~271 页。

不同时间空间下的总收入不平等

单位：%

| 不同群体占总收入的份额（劳动和资本） | 低度不平等（＝20 世纪七八十年代的斯堪的纳维亚） | 中度不平等（＝2010 年的欧洲） | 高度不平等（＝2010 年的美国） | 极度不平等（＝2030 年的美国） |
|---|---|---|---|---|
| 最上层 10%（上层阶层） | 25 | 35 | 50 | 60 |
| 顶层 1%（统治阶层） | 7 | 10 | 20 | 23 |
| 其后 9%（富裕阶层） | 18 | 25 | 30 | 35 |
| 中间层 40%（中产阶层） | 45 | 40 | 30 | 25 |
| 最下层 50%（下层阶层） | 30 | 25 | 20 | 15 |
| 相应的基尼系数（综合不平等指数） | 0.26 | 0.36 | 0.49 | 0.58 |

资料来源：托马斯·皮凯蒂：《21 世纪资本论》，中信出版社，2014，第 235 页，表 7.3。

立即可以从上表了解社会不平等的大体状况，而不需要求助任何专家的解释。在 2010 年的美国，占人口 10% 的上层阶层平均收入为社会平均收入的 5 倍，是其余 90% 人群平均收入的 9 倍；其中最上层 1% 人群的平均收入是最下层 50% 人群平均收入的 50 倍。皮凯蒂将此称为"高度不平等"，并且认为美国的社会不平等程度还在继续扩大。

也许有朋友感觉，50 倍的收入差距似乎比我们在现实中观察到的富豪与一般老百姓的收入差距要小。这显然有误解。要知道，一个人口大国顶层 1% 的人群数量是很庞大的。假定成年人在总人口中的比重为 70%，则 13 亿人口中有成年人 9.1 亿，1% 就是 910 万人。这个数字与《福布斯》公布的顶级富豪 100 人或者 1000 人根本不在一个数量级上。但 1% 的确是社会人群中的少数，这个数量级上的统计应该更加能够反映社会不平等的总体情况，而不仅仅是特例。正如皮凯蒂所言："前 10% 和前 1% 群体是有趣的研究对象。"如果不能"认真考察这两个群体，评估流向两者的国民财富和收入比重"，人们很难有其他办法比较区分诸如"1789 年的法国和 2011 年的美国社会不平等"状况。[①] 具体来说，从资本占有情况看，1789 年的法国前 10% 占有 90% 的社会资本，前 1% 占有 50% 的社会资本；2011 年的美国前 10% 占有 70% 的社会资本，前 1% 占有 35% 的社会资本。当下美国的财富不平等好于一个世纪以前的欧洲。

中间 40% 也是一个十分重要的研究对象，皮凯蒂称之为中产阶层，因为这个经济

---

① 托马斯·皮凯蒂：《21 世纪资本论》，中信出版社，2014，第 258 页。

收入稍高于社会平均数的统计群体符合多数人对中产阶级的理解。事实上，中间 40% 的际遇在一个世纪中发生了重大变化。20 世纪初的欧洲，"中间的 40% 只占有国民财富的 5%，只是比最贫穷的 50% 稍强"。因此当时中产阶级并不存在。这个社会阶层的崛起是第二次世界大战之后的事情，在欧洲和美国，这个群体占有的国民财富逐步上升到 30% 和 25%。"从历史的角度看，这是一个重大变化"，[①] 它缓解了社会矛盾，有利于社会稳定。

下层 50% 是人数最多的普通老百姓，他们是经济发展中受惠最少的群体，他们极少财富存量，几乎完全靠劳动收入谋生，与其他社会阶层相比更难摆脱贫困，走向小康。特别对一个工业化进程中的前农业大国而言，这个 50% 几乎完全是农村人口，他们更应当成为收入分配研究的对象、收入分配改革关注的对象。

分配表所包含的不平等信息十分丰富，描绘出比 0.49 的基尼系数更加具体直观的社会图景。按道理说，我们的官方机构在测算基尼系数的过程中必须掌握详细的资料，有时也公布相应的百分位收入数据。但因为统计目的不同，综合指数的测算过程可以容忍数据的反常和矛盾，尤其是分配顶层的信息模糊，资本收入的数据往往被遗漏，这种情况在分配表的编制中会受到很大的制约。分配表更加透明的信息，要求数据的前后一致，对前 10%，特别是顶层 1% 数据质量的要求会明显提高。

可惜的是，我国收入分配的大量研究文献没有使用这种看似简单、没有多少"技术含量"的研究方法（包括与此类似的方法），而是在不平等综合指数上竞相展开越来越复杂高深的数理分析，试图从中发现收入分配差距扩大的秘密。国内研究在收入分配的城乡差别、地区差别，乃至行业差别等方面做了大量的工作，从一个侧面解释了我国收入分配差距形成的特殊性。但是在社会阶层收入与财富占有的不平等这个市场经济的共性话题上研究不多，建树很少。因此事实上，我们没有真正具有国际视野的不平等比较研究，对借鉴国外有效收入调节政策理论依据的研究不够。读《21 世纪资本论》，不禁自问：中国的前 10%、中间 40% 和后 50% 究竟有多少收入、多少财富？国家统计局的数据是否可作为估计依据？皮凯蒂估计"中国前 1% 人群的收入占国民收入的比重在 2000～2010 年为 10%～11%"，[②] 这个估计靠谱吗？中国中间 40% 人群的收入到底占国民收入的百分之几？他们与下层 50% 人群的收入差距到底有多大？如果这些基本情况不明了，我们又凭什么认定当前的分配格局是"哑铃形"，凭什么认为"提低扩中限高"是适当的收入分配改革方针？

---

① 托马斯·皮凯蒂：《21 世纪资本论》，中信出版社，2014，第 266 页。
② 托马斯·皮凯蒂：《21 世纪资本论》，中信出版社，2014，第 335 页。

### 三 劳动与资本收入分割是分配的基础

我国收入分配研究对国民收入中劳动收入与资本收入划分的研究是不充分的。有一些讨论劳动报酬的成果，但是没有相应的资本收入的数据，更不用说综合研究劳动与资本在国民收入中的份额及其历史演变的文献了。

皮凯蒂将劳动收入与资本收入在国民收入中的分割视为社会分配的基础性结构，在《21 世纪资本论》第六章做专门讨论。值得注意的是，皮凯蒂强调这一基础性分配结构的初始性，它是税前和转移支付前收入，是两大生产要素在市场经济中的初次分配（这里的资本是包括农地与房产在内的全部有投资回报的社会财富）。因此基本平衡公式是：国民收入 = 资本收入 + 劳动收入。皮凯蒂根据这一公式估计了 1770 ~ 2010 年英国和法国的资本 – 劳动划分，[1] 计算了 1975 ~ 2010 年八个主要资本主义国家的资本收入在国民收入中的比重，[2] 发现这个比重在 19 世纪以前在 35% ~ 40%，而在 20 世纪中叶以后曾下降到 20% 上下，20 世纪 70 年代后逐步上升，目前在 30% ~ 35%。相应地，当下发达国家劳动收入占国民收入的比重则在 65% ~ 70%。

以劳动与资本的划分为基础，皮凯蒂研究收入分配不平等结构：劳动收入的不平等、资本收入的不平等，以及作为二者综合的总收入不平等。皮凯蒂强调，理解现代社会的一个重要维度是劳动不平等与资本不平等之间的关系，"拥有高劳动收入的个人在多大程度上也享有高资本收入"？[3] 曾经有过这样的不平等社会，"资本不平等极为严重，资本所有者根本没有必要工作"，因此，社会被割裂为食利者阶级与劳动者阶级两个截然分开的部分（如 19 世纪的欧洲）。当代资本主义则表现出新特点，高资本收入与高劳动收入高度相关，一个超级经理阶层凌驾于社会之上（以今天的美国社会为典型）。但不论什么时候，资本分配总比劳动分配不平等，[4] 如在财富分配最平等的社会（20 世纪七八十年代的斯堪的纳维亚国家），最富裕的 10% 人群占有国民财富的 50%，或者更高，最下层 50% 拥有的国民财富不到 10%；而在劳动收入最不平等的社会（2010 年的美国），收入最高 10% 的人拿到工资总额的 35%，最低 50% 的人拿到 25%。由此得出的必然结论是，市场经济中资本收入不平等是影响总收入不平等的最重要因素，任何收入分配研究都不能忽视这一基础问题。

而恰恰在这个基础结构上，国内研究明显较弱。从中国学术期刊网络出版总库搜

---

① 托马斯·皮凯蒂：《21 世纪资本论》，中信出版社，2014，第 204、第 205 页。
② 托马斯·皮凯蒂：《21 世纪资本论》，中信出版社，2014，第 226 页。
③ 托马斯·皮凯蒂：《21 世纪资本论》，中信出版社，2014，第 247 页。
④ 托马斯·皮凯蒂：《21 世纪资本论》，中信出版社，2014，第 248 页。

索 2004 年以来主题为"收入不平等"的论文,有 767 篇之多,主题为"财富不平等"或者"财产不平等"的论文仅 26 篇。显然,财产不平等并没有进入大多数研究者的视野。但是,2008 年以来,人们对劳动报酬比重下降的关注度却越来越高。这类研究的"中国特色"在于,突出政府部门收入与居民部门收入之间的矛盾,并且以此解释劳动报酬下降的原因。最近谢攀、李文溥、龚敏在《财贸研究》发表论文称:"当前,中国居民部门最终分配收入比重远低于美国、日本、英国。美、日、英初次分配呈现'大社会、小政府'的特征,再分配多向居民部门倾斜,而中国初次分配格局向政府部门倾斜,'建设型财政'的支出导向加剧了这一倾斜。在相近发展阶段,美、日、英三国劳动报酬比重均呈现上升趋势,资本性收入比重缓慢下降,而中国则恰恰相反。"①

此类专家意见包含了一系列误解:首先,劳动报酬比重是对应资本收入比重而言的,政府部门收入与之并不在一个理论层面上,前者属于初次分配,而后者关系到再分配。劳动收入与资本收入的划分才是国民收入分配的基础。其次,从 20 世纪 70 年代以来,多数发达国家资本收入占国民收入的比重持续上升,劳动收入占国民收入的比重下降。而并非如上文所说,劳动报酬比重上升,资本性收入比重下降。皮凯蒂计算了包括美国、日本、英国在内的八个发达国家数据,认为"现有数据表明,1970~2010 年,在多数发达国家资本占国民收入的比重出现上涨"。② 1970 年,资本收入占发达国家国民收入的 15%~25%,2000~2010 年为 25%~30%。③ 最后,现代国家发展的长期趋势恰恰是税收收入比重提高,进而国家支出的教育和医疗开支比重增加,替代收入和转移支付比重增加,而不是相反。根据皮凯蒂的计算,在 1900~1910 年之前,发达国家的税收占国民收入的比重都在 10% 以下,2000~2010 年,税收收入占其国民收入的 30%~55%(美国 30%、英国 40%、法国 50%、瑞士 55%)。④ 中国的国家治理现代化也不可避免地要走这条路,当前税收占比应该还在上升通道。而且,无论如何,这个变化不会影响国民收入分配中劳动收入与资本收入划分的基础性结构。

也许有专家要说,你这里只是依据皮凯蒂的一家之言,不足为信。那么好吧,就让我们像皮凯蒂那样,以尽可能的时空覆盖,计算出更加有国际可比性的数据来回应皮凯蒂吧。但是像现在这样,直接从统计年鉴下载几张截图,还没有弄清其含义,就生搬硬套地做国际比较,结论恐怕是更加不足为信的!

---

① 谢攀、李文溥、龚敏:《经济发展与国民收入分配格局变化:国际比较》,《财贸研究》2014 年第 3 期。
② 托马斯·皮凯蒂:《21 世纪资本论》,中信出版社,2014,第 225 页。
③ 托马斯·皮凯蒂:《21 世纪资本论》,中信出版社,2014,第 226 页,图 6.5。
④ 托马斯·皮凯蒂:《21 世纪资本论》,中信出版社,2014,第 491 页。

## 四　国民资本的核算必须完整

既然资本分配的不平等对收入分配影响最大，那么，资本的积累及其总量的增加，就与收入分配关系极大。皮凯蒂重视国民资本总量及其变动趋势的估算，把它放在全部研究工作的首位。出于历史比较的需要，皮凯蒂以国民资本占国民收入的比重为尺度，估计了 18 世纪以来英国、法国和德国的资本状况：欧洲主要国家的资本存量在 18、19 两个世纪保持稳定，大约为国民收入的 7 倍，20 世纪受到巨大冲击，一度下滑到国民收入的 2～3 倍。1970 年以后逐步回升，目前大约相当于国民收入的 5.5～6 倍。这个财富总量的变动轨迹大体与收入不平等变动的情况对应，很大程度上解释了库兹涅茨倒 U 字曲线后半段形成的原因以及它的有限适用范围。诚如皮凯蒂所言："在很大程度上，是战争的混乱以及相伴而生的经济及政治冲击，拉低了 20 世纪以来的不平等程度。"① 市场经济下实现较大程度平等，不存在协商一致和无冲突的演化过程。美国的情况与欧洲国家有所不同，它在立国之初因为土地价格低廉而有更低的国民资本总值，此后又因为地理优势而避免了两次世界大战对国内资本的破坏。它的资本存量没有出现大起大落。但是美国的收入不平等同样经历了 20 世纪前半期的下降和 70 年代以来的上升，甚至是更加强劲的上升。皮凯蒂利用资本收入不平等的发展，以及"工资不平等的空前提升"，② 清晰地解释了美国式不平等的新现象。

皮凯蒂给我们的启示是：要弄清楚中国收入分配差距扩大的原因，首先要弄清楚国民财富的存量及其分配状况；其次还需要弄清楚由国民财富分配状况决定的资本收入状况及其与劳动收入状况的关系。国民资本的存量与结构在他的理论体系中占有重要的位置。

皮凯蒂的国民资本核算，最大特点在于其完整性。他的资本定义十分宽泛，认为凡是能够给所有者带来投资回报的财富都属于资本范畴，因此包括农地、住宅、其他国内资本（即包括厂房与机器设备，也包括股票、债券与其他金融资产），以及净国外资本。③ 从收入分配研究的角度看，如此宽泛定义资本概念（皮凯蒂在同等意义上使用财富与资本概念）是合理的，甚至是必要的。资本收入的形式具有多样性，包括利润、利息、股息、红利，以及各种形式的租金，即马克思所说的剩余价值的各种实现形式。涉及这些收入来源的资本只能作宽泛定义，逻辑上才能周延。之前国内还没有人按照如此定义的理论范畴做过资本存量和财富分配的实证研究，皮凯蒂的工作对我们极具

---

① 托马斯·皮凯蒂：《21 世纪资本论》，中信出版社，2014，第 279 页。
② 托马斯·皮凯蒂：《21 世纪资本论》，中信出版社，2014，第 306 页。
③ 托马斯·皮凯蒂：《21 世纪资本论》，中信出版社，2014，第 119 页。

启发性。特别是在中国的房地产市场急剧膨胀，租金规模越来越大的情况下，遗漏土地与住宅价值的国民资本核算一定是不完整的，无法解释收入分配的许多新情况、新问题。

皮凯蒂国民资本核算的另一重要特点是明确区分公共资本与私人资本，在国民资本的总盘子里讨论二者此消彼长的关系。历史数据表明，发达国家国民资本中尽管始终存在一定规模的公共资本，但其占国民收入的比重多在100%甚至50%以下，与私人资本（占国民收入的600%）相比始终处于绝对少数。考虑到公共债务的存在，多数时间里，净公共资本的数额接近于零。但是，皮凯蒂并没有因此而忽略这部分国民资本的变动对收入分配的影响。研究表明，正的与负的公共资本的调节是改变收入分配格局的重要抓手。皮凯蒂意味深长地指出，法国在第二次世界大战后一段时间内实行混合经济，政府控制了国民财富的25%～30%，在某种意义上成为"没有资本家的资本主义国家"，其间"经济增长强劲，超过法国历史上任何其他时期"。[①] 在中文版序言中，皮凯蒂更加明确地指出：中国在全部市场经济国家中"是一个极大的特例"。当下中国的公共资本似乎占国民资本的一半，"如果公共资本能够保证更均等地分配资本所创造的财富及其赋予的经济权力，这样高的公共资本比例可以促进中国模式的构想；""中国可以在21世纪初的现在最终找到公共资本和私人资本之间的良好妥协与平衡，实现真正的公私混合所有制经济。"[②] 无论皮凯蒂的期望能否实现，他对公共资本与私人资本在国民资本中比重的历史研究与国际比较，都使我们更加清醒地看到当代中国在世界经济中的位置，都对我们在收入分配研究中更加重视国有经济和其他公有制经济的作用有很大的启示。

皮凯蒂在从其广义资本概念出发的国民资本核算中全面分析公共资本的权益与负债，对我们完整理解"以公有制为主体"的基本经济制度也有很重要的启示作用。之前我们在基本经济制度的研究中，关于如何理解公有制的主体地位存在许多分歧。皮凯蒂的国民资本总量与结构概念为我们更加全面地理解这一问题提供了新思路。从收入分配的角度看，所有能带来收入流的财富都具有资本性质，估计它的总量和结构对于理解事实真相绝对是必要的。对于这一范围宽泛、数量巨大的国民资本的基本情况不甚了了，心中无数，理论自然是观点纷呈，莫衷一是。进行全覆盖的国民资本核算迫在眉睫，这不仅对收入分配研究，而且对全面深化改革研究的许多方面，都具有现实的紧迫性。

现代市场经济下资本的权利扩展到社会经济的各个领域，各种财富形式都要求分

---

① 托马斯·皮凯蒂：《21世纪资本论》，中信出版社，2014，第138页。
② 托马斯·皮凯蒂：《21世纪资本论》，中信出版社，2014，ⅩⅦ。

享剩余价值的"平等权利"。这一市场经济分配原则不因所有制性质而转移，但公有财富的收入归公共所有，这限制了私人资本的权利，有利于社会平等。皮凯蒂对此的理解与我们有许多相似之处：更高的净国民资本份额是改善收入分配状况的有利条件。与此同时，公共资本的产权形式和管理形式也需要进一步的改革。他主张"创造新的参与和治理形式"，在"极端的私人资本和纯粹的公共资本"之间寻找"中间的组织形式"①。这与我国当前在混合所有制经济背景下改革国有经济的思路大致是吻合的。

中国的经济研究，尤其是收入分配研究可以从皮凯蒂那里学到很多。

---

① 托马斯·皮凯蒂：《21 世纪资本论》，中信出版社，2014，第 586 ~ 587 页。

# 关于中国工人阶级形成的一点思考

潘　毅 *

**摘　要**　改革开放三十余年，中国不仅成为世界工厂，而且成为全球最大的资本创富中心。中国的生产方式与社会关系已经发生了根本性的变化，与此同时，一个世界上最庞大的新工人阶级正在默默地形成。本文尝试探索在西方社会理论界"告别工人阶级"的时候，我们却正在真实地面对一个庞大的工人阶级的艰难诞生历程。为了给强调个体主义、专业主义、机会平等和开放市场的新自由主义话语扫清道路，阶级话语在中国被有意无意地或扭曲或压制，在这个意义上，被投掷于资本主义生产关系之中的两亿农民工很有些"生不逢时"的意味，然而，他们以对强加在他们身上的剥削的最直接自发的反抗，顽强地将多方力量遮蔽的阶级结构及阶级对立暴露在世人面前，并呼唤自己作为一个阶级存在的合法性和必要性。

**关键词**　工人阶级　农民工　世界工厂　生产方式与社会关系

　　改革开放三十余年，中国不仅成为世界工厂，而且成为全球最大的资本创富中心。中国的生产方式与社会关系已经发生了根本性的变化，与此同时，一个世界上最庞大的新工人阶级正在默默地形成。在遍布全国大大小小的城市中，有千千万万的农民工，他们建设了北京、上海、天津、广州和深圳这样让世界瞩目的国际都市，创造了今天中国经济高速增长的奇迹，让很多中国人可以陶醉在大国崛起的梦幻中。

　　当我们陶醉于光鲜的城市面貌，叹服于资本改变世界的魔力时，我们却遭遇了这样一群人：在林林总总的工厂中重复着忍耐、麻木、愤怒、离开的一次又一次的循环，漂泊于城市与农村之间的新工人。在自杀式地反抗之余，富士康苹果生产线的工人写过一首名为《在这里》的诗，他们用呐喊的方式表达了工人的迷茫与不满。

> 在这里
> 流水线带走的不仅仅是 K93
> 还带走了我们的青春
> 泡棉衬托着完美的苹果/却衬托不出我们的明天

---

＊　潘毅，香港理工大学应用社会科学系教授，清华大学社会科学学院伟伦教授。

扫描仪喊出了每一声 OK

却喊不出我们内心的 FAIL/24 小时耀眼的灯光照亮了 5S

也照混了我们的白天黑夜

千万次的重复动作打造了完美机台

也挑战着疼痛而又麻木的肩

每一颗螺丝努力的旋转

却转不出我们想要的未来

——富士康工人仁兴等

富士康，全球最大的一家电子生产组装企业，也是历史上最大规模的一家代工厂，拥有中国工人一百四十万人。富士康的总收入占全球电子制造产业总收入的 50% 以上，2012 年其出口额高达 1295 亿美元，2013 年富士康跃居《财富》全球 500 强第 30 位。富士康的成功似乎证明了中国在崛起，也证明了出口导向模式的创收能力——即便在全球金融危机的情况下。它也验证了全球资本主义正以超乎我们想象的速度进行着资本扩张，一些亚洲资本和国内制造商利用廉价的农村劳动力进行密集型加工制造，赚取巨额利润，并成为全球加工制造业的主导者。富士康就是其中的典型代表，富士康的百万工人更是新生代工人阶级的缩影。

但是，随着一个新时代的到来，劳资矛盾急剧增加，工人不断地抗议，阶级力量不断地凝聚，一些企业的劳资矛盾已经成为影响社会稳定的重要因素。在再一次走到历史的十字路口的时候，我们认为，对中国改革方向的思考不能离开对当下生产方式以及劳动关系变化的思考与探讨；亦唯有如此，才能探索出中国新工人阶级的出路和未来。

## 新自由主义与中国经济改革

中国新工人阶级，从第一代到第二代，已经伴随着中国走过了改革开放三十多年的历程，他们的经历折射出中国经济高速发展的吊诡：在一个告别了贫穷，走向富裕的年代，他们还是一样的赤贫，一样的一无所有。

20 世纪七八十年代，中国的国门重新打开，再次接受世界经济体系的挑战。西方发达资本主义国家经历了第二次世界大战后的黄金发展时期，一方面经济繁荣、社会相对稳定，另一方面也潜藏着资本主义本身不可克服的危机，急切寻找摆脱危机的突破口。以撒切尔、里根上台为标志，西方国家告别高福利、高保障社会政策的时代，全面转向新自由主义，大规模推行私有化，开始了一个以市场为导向的新时代。东亚新兴经济体抓住西方国家产业转型的契机，吸纳欧美跨国流动资本，以出口导向型产业发展模式参与到世界经济体系中，最有名的当属迅速崛起的"亚洲四小龙"。①

面对西方世界的繁荣表象，以及东亚国家的高速发展，中国的社会精英对发展表现出急切的心情，对计划经济时期的发展模式产生严重质疑，痛感共和国错失了30年的发展机遇。方兴未艾的经济全球化引发社会精英集团对中国球籍问题的热烈讨论，整个社会沉浸在一种危机的氛围之中。官方开始"拨乱反正"，结束了以阶级斗争为纲的路线，将党和国家的工作重心转移到经济建设上来。过去的发展模式被归结为极"左"路线，受到彻底的批判。

在彻底否定过去之后，中国应该走向何处？社会精英不约而同地把目光投向了西方发达资本主义国家，尤其是美国。在他们看来，美国是当时世界上最发达、最先进的国家，美国的模式是最成功的模式。一批知识分子走出国门，踏上了海外求学的道路。在欧美的大学里，他们接受了当时西方盛行的新自由主义思想，并把它当成解决中国发展问题的灵丹妙药。他们将新自由主义带回中国，使之成为中国经济体制改革实际的主导思想。

在新自由主义经济学家看来，中国经济增长缓慢，远远落后于其他国家，最根本的原因是在公有制和中央集权的计划经济体制下，国家对经济全面的控制严重束缚了生产力的发展。公有制被简单地等同于平均主义和大锅饭，缺少激励机制，只能滋养懒人，计划经济体制被认为过于僵化，导致经济缺乏活力。在他们看来，只有市场化才是中国发展的唯一出路。市场这只"无形的手"能够自发调节供给和需求，优化资源配置，实现效率最大化。市场经济优胜劣汰的竞争机制能够激发人们的积极性。在新自由主义看来，市场还作为一种解放的力量，将人们从国家的控制下解脱出来，带给人们更多的自由空间。然而吊诡的是，新自由主义经济学家信奉市场力量，强烈反对国家干预经济，但他们所要推行的改革却恰恰要靠国家这只"有形的手"来推行。

在新自由主义思想的指引下，改革首先从农村开始。十一届三中全会之后，国家在农村推行家庭联产承包责任制，解散人民公社，实行包产到户，并维持土地的承包权长期不变。包产到户激发了农民的生产积极性，提高了粮食产量，短短几年农民的生活水平有了很大的提高。但改革所释放的生产力很快耗尽，包产到户的改革很快就遇到了瓶颈，分散经营的小农经济没有办法实现生产力水平根本性的突破，农民对公共事务缺少参与，集体经济时期兴修的农田水利等公共设施逐渐被荒废。农业的收入越来越难以满足人们日益增长的生活需求。随着城乡分割制度的松动，大量农村"剩余劳动力"向城市转移，开始形成中国的民工潮。所以说，中国的"剩余劳动力"是

① 许宝强、汪晖编《发展的幻象》，中央编译出版社，2001，第9~10页。

建立在瓦解集体经济的基础上的。

中国的农村土地改革确立了小农经济的主导地位。农村生活资料、医疗、教育等的逐步商品化驱使农民必须赚取更多的现金才能维持生活，个体农民不得不面对市场化的生产与再生产。农民生活中现金开支的不断增加使得农业生产收入愈加入不敷出，打工也因此成为增加收入的必由之路，同时亦为城市工业化提供了大量廉价的劳动力供给，为中国"世界工厂"的形成奠定了最重要的基础，这是中国新工人阶级形成的社会根源。

20 世纪 80 年代之后，改革的重心从农村转移到城市。城市经济体制改革的目标是建立社会主义市场经济体制。国家对国有工业企业进行改革，逐步"放权让利"，实行承包制，给企业更多的自主性，打破计划经济模式，引入市场机制，实现生产要素的市场化，用市场这只"无形的手"去调节经济。在所有制方面，大力扶持私营经济的发展，推行国退"民"进的策略。90 年代中后期开始，国家又进一步推进国有企业的市场化改革，建立现代企业制度。打破铁饭碗，告别终身制，实行劳动合同制，作为国有企业的单位不再负责职工的社会福利，国有企业从追求社会效益转向追求单一的经济效益，导致一方面大量城市工人下岗，另一方面企业大量招用从农村转移出来的廉价劳动力。这样一来，一个具有资本累积性质的市场经济便逐步形成了。

农村与城市的改革，使得城乡之间的差距进一步扩大，城乡分割更为严重。一方面大量农村劳动力不得不进城打工，成为新兴工人阶级主体，另一方面国家依然维持以户籍制度为核心的行政壁垒，制造出"农民工"这样一种特殊的身份。"农民工"是改革的产物，象征着一种时代的创伤。而这种创伤让农民工难以完成自身身份的转变，为资本肆无忌惮地榨取他们的剩余价值提供了社会基础。

伴随着农村生产方式的变迁，城市的劳动关系也急剧发生改变。国有企业的改革带来了产权性质的变化，这一过程表现为两个阶段：从国营企业到国有企业的转变，以及国有企业改革。为了与外资和私营资本竞争，"甩包袱"成为国企的一种策略。工人大规模下岗，一些国企的生产资料也被私有化，而继续运营的国有企业则以更廉价的劳动力即农民工替代了旧有的国企工人，造成了国有企业的派遣工问题。这一过程从根本上改变了工人与企业、工人与国家的关系，国企工人的"主人公"地位不复存在。

新自由主义的改革创造了中国的经济奇迹。改革开放三十多年，中国经济保持了接近 10% 的高速增长，成为仅次于美国的世界第二大经济体。资本和政府都积累了大量的社会财富，但同时也让中国从一个相对平均主义的国家迅速变成贫富分化严重的国家。① 地产商的财富神话同几千万建筑工人的处境和富士康工人的自杀形成鲜明的对比，成为这一后果极好的注脚。

## 未完成的无产阶级化

从世界资本主义的发展历史来看，今天中国所出现的大量城乡人口流动并非史无前例。18 世纪的英国、20 世纪的"亚洲四小龙"，以及现在的南亚与拉丁美洲，这些国家和地区在经历工业化的某个阶段时都出现过农村劳动力向城市大量转移的现象。在马克思看来，这种转变是一个无产阶级化的过程。所谓无产阶级化，是指劳动者和生产资料相分离，转化成为"自由"劳动力的过程。无产阶级化过程往往伴随着劳动者空间的转移和身份的转变，从农村迁移到城市，逐渐扎根，形成新的社区，从农民转化成为工人。其结果是工人的命运最终依赖于资本积累和劳动力商品化的程度。这些（无产阶级化的）工人既不拥有又不能支配他们的生产工具、他们加工的原材料以及他们生产出来的产品。这一过程通常是由市场力量所决定的。实际上，这个过程贯穿于世界资本主义的整个历史。

中国农村土地改革与城市国企改革一方面使劳动者与生产资料分离，另一方面使劳动者以雇佣劳动的方式与生产资料再度结合，由此奠定了新的生产方式和劳动关系的基础。农民工问题的出现则正是这一转变过程的产物。直面这一议题，我们首先需要厘清农民工问题的根源：一方面城市经济的发展需要大量的劳动力，另一方面城市又不愿为其提供再生产所需的政治经济条件。这一未完成的无产阶级化表现为农民工在农村仍然拥有一小块土地，尽管这些土地已经越来越难以维持其生存之需，最多只能承载微弱的生存保障功能而已。随着"圈地运动"的扩展，各地方政府为了招商引资，将农民的土地征收变成厂房，农民已经失去了土地这一基本的生产资料；与此同时，越来越多的农民将终身在城市生活，成为产业工人。农民工的存在助推了城市资本的低成本扩张，使中国成为"世界工厂"，然而高速的工业化和城市化却并没有使中国的产业工人摆脱农民的身份，诚如"农民工"这一称谓所表现的，他们仍然处于一种尴尬的境地，并因此丧失了本该拥有的权利和地位。

中国的特殊性在于，其农村人口进入城市之后的无产阶级化过程，除了受到市场力量影响之外，更受到更大的国家政治和行政力量的干预。一方面，国家保留了农民的土地，然而这块土地却远远不能保障他们的基本生活；另一方面，国家却不给他们

---

① 目前世界上衡量贫富分化最通用的指标是基尼系数。改革开放以来，中国的基尼系数迅速扩大，1981 年，全国居民基尼系数为 0.28，属于"相对平均"水平；而到了 2000 年，这个数字已经达到 0.41，超过 0.40 的国际警戒线，并且继续迅速扩大。2000 年之后，基尼系数的扩大已经引起社会广泛的关注。

城市居住的合法身份，也不给他们提供在城市进行劳动力再生产的条件，这让他们的无产阶级化过程变得异常漫长而艰难。很多的农民工已经在城市工作和生活了十年、二十年甚至更长时间，他们已经很少从事农业劳动，农业收入也只占他们家庭收入很小的比重，但他们依然没有办法彻底摆脱农民的身份，依然没有在城市定居的合法身份，依然没有办法在城市里找到一个可以安置自己家庭的空间。他们的劳动力再生产还要部分地依靠农村来完成。作为一个劳动主体，他始终是残缺的，始终处于未完成状态。

### 无产阶级化与马克思

马克思用英国的经验理解工人阶级的形成。当时的英国，随着工业革命的开展，大量劳动力从农村向城市转移，从农民转化成为工人。在马克思看来，这是一个"自然而然"的过程。在《资本论》[①] 里，马克思集中处理的是工人和资本之间的矛盾，他认为资本对工人剩余价值的压榨会激发工人的反抗，导致工人从一个自在的阶级转化为一个自为的阶级。马克思是在资本与劳动的矛盾中理解资本主义的，马克思所指的资本是典型的资本，他所理解的劳动是建立在自由和平等社会契约基础上的劳动者，工人和资本家之间订立了平等的契约关系。[②] 而中国的现实情况是，工业化伴随着劳动力从农村向城市转移，但因为制度性的障碍，他们没有办法转化为工人，他们和资本之间难以建立自由平等的契约关系。今天中国的无产阶级化不仅仅是一个资本操控的过程，更没有办法回避国家扮演的重要角色。

马克思意义上的劳动者是一个具有劳动关系的劳动主体，他所讨论的"劳动从属于资本"（Subsumption of Labor）的过程，发生在劳动者进入生产领域之后，从属的结果是劳动价值被资本剥夺。而我们今天要讨论的农民工，在他们进入生产领域之前，其劳动关系和劳动主体身份就已经历了一次从属于国家和体制的过程，当他们走入城市，进入生产领域之后，又进一步遭遇从属于资本的过程，换言之，中国农民工经历了一个"双重从属"的过程，这意味着其劳动价值被剥夺的程度更为严重。

我们从阶级的角度出发，理解今天的农民工，除了要理解宏观的阶级结构、阶级关系以外，还要理解他们的阶级身份、阶级地位形成的复杂过程。一方面，因为保留了农村的土地，农民工的劳动力再生产部分地被放在农村来进行，国家和资本不断强化其农民身份；另一方面，他们在城市里没有作为一个劳动主体的合法身份，国家在

---

① 马克思：《资本论》，人民出版社，2004。

② 迪皮斯·查克拉芭提：《工人阶级生活和工作状况的认知条件：1890—1940 年间加尔各答的雇主、政府和黄麻工人》，载刘健芝、许兆麟编《庶民研究》，中央编译出版社，2005。

他们的劳动力再生产过程中也是缺席的，既不是农民，又不是工人，他们的身份变得模糊起来。回到马克思对劳动异化的思考，马克思所讲的异化是在生产领域的异化，一方面，劳动者和生产资料相分离，作为一个劳动主体他没有办法控制自己的劳动过程；另一方面，他也没有办法控制自己的劳动产品，他和自己的生产的产品产生了对立。而我们今天的农民工在马克思意义上的异化之外，还有更深一层的异化，这就是他们作为一个劳动主体同自己"农民工"身份的异化。农民工所经历的是双重异化的过程。

今天中国的新工人正处在双重从属和双重异化的状态。马克思在《资本论》中详细描述英国工人工作和生活状况的材料基本上来自英国政府的文件，其中有关早期资本主义残酷剥削的材料更是直接来自隶属于英国政府的工厂观察员的报告。当时的英国政府出于为资本创造公平竞争环境的考虑，通过各种措施试图限制资本的过度剥削，而今天的中国，国家对劳工状况的关注和调查远远比不上 19 世纪的英国。国家体制更进一步通过维持他们"农民工"的身份，在资本剥夺他们的劳动价值之前，把他们的劳动价值贬低。农民工的身份代表了卑贱的社会主体地位，给他们打上次等公民与次等劳动者的烙印，这就是当代中国农民工的政治身份。

## 市场、商品化与社会保护

马克思从资本和劳动的矛盾去理解资本主义体系，他重点阐述的是资本的运作逻辑。与马克思不同，波兰尼[1]从市场的扩张和社会的自我保护来理解 18 世纪以来的人类历史。对于起源于英国的工业革命及其剧烈的社会变迁，自由主义思想家发展出一套自我调节市场（Self – regulated – market）理论，这种理论的核心信念在于，市场能够自我调节，实现效率最大化，任何形式的国家干预都会对市场造成不良后果。在波兰尼看来，自由主义者所鼓吹的自我调节市场并没有给人类创造更大的自由与幸福，反而导致人类社会的灾难，第一次世界大战就是自我调节市场的恶果。

波兰尼主要的理论贡献在于提出了"双重运动"。他认为市场从来不是人类经济生活的主要形式，市场总是嵌入（Embedded）社会之中，受到社会的控制，只是晚近两三百年以来，市场逐渐摆脱了社会的控制并不断扩张，试图把一切生产要素——包括劳动力、土地与货币——都商品化，这就是波兰尼"大转型"的含义。波兰尼认为自由主义者所设想的自我调节市场完全是一个乌托邦，想要创造一个完全自发调节的市场经济，就必须对人类社会和自然环境进行彻底的商品化，而这必然导致毁灭性的后

---

[1] 卡尔·波兰尼：《大转型：我们时代的政治与经济起源》，冯钢、刘阳译，浙江人民出版社，2007。

果。在波兰尼看来，劳动力从来就不是商品，它被当成商品只能是虚构的商品。市场将劳动力商品化的趋势遇到社会的自我保护。自我调节市场的每一步扩张都遭到社会的反抗，这种保护性的反向运动不仅仅是工人阶级的反抗，而是包括所有的社会阶层，国家在其中扮演了重要的角色。

在今天的中国，市场化一路高歌猛进，中国的经济改革历程就是一个市场不断扩张的过程。市场这只"无形的手"已经控制了人们生活的各个领域，但中国社会出现的反向运动并没有像波兰尼所说的那样强有力，没有能够阻止钟摆继续摆向极端。波兰尼认为国家是社会保护的重要力量，但中国的市场化恰恰是在体制的推动下进行的。一方面，国家精英奉行新自由主义政策，用强有力的手段推行全面的市场化；另一方面，国家为了化解日益尖锐的社会矛盾，制定出各种各样的法律和制度去保护劳动者的权益。国家同时承担了双重角色，而这两种角色是相互冲突的，没有办法协调，其结果就是：国家在劳动立法方面走在了世界的前列，在保护力度上甚至超过很多发达国家，但这些法律和制度却都被严重架空，成为一纸空文。这种相互冲突的国家角色，无疑是患上了一场精神分裂症，一方面为工人阶级制造提供劳动保护的幻想，另一方面又不断让打工者对国家的期待落空。

在新自由主义者看来，市场化改革能够催生出一个市民社会，带给中国社会更多的自由空间。市场化改革确实为中国造就了一个城市中产阶级，但是我们却并没有发现中产阶级能够像波兰尼所设想的那样和工人阶级站在同一条战线上，去对抗资本，进行一场社会保护的反向运动。反之，城市的中产阶级，站在现代文明的高度上，通过过度的消费，与资本分享着农民工的剩余劳动价值。他们在现阶段所提倡的环保运动，也没有打算与工人运动结合起来，进行一场跨阶级的反商品化运动。

近年来，从民间到官方似乎都一致地认为农民工的称谓已经不合时宜。一些地方开始将农民工改称"新市民"、"新公民"或"异地务工人员"等，这些尝试即便不是完全没有意义，最多也不过是出于善心的聊以自慰罢了。农民工问题是由一系列不平等的生产方式和社会制度所造成的。因此，造成歧视的不是名称，而是农民工作为产业工人的无权地位，这种无权地位一方面极大地便利了资本的积累，另一方面亦服务于城市化的进程，造成一种建立在资本扩张基础上的城乡不平等新格局。因此，问题的解决依赖于制度的改变，从根本上终结农民工的生产体制；唯有如此，废除"农民工"的称谓本身才具有意义。

另外一个老生常谈的问题是"蛋糕论"。长期以来，许多人认为只要蛋糕做大，就一定会人人有份，惠及所有人。然而时至今日，我们看到"共富"仍然遥不可及。中国的经济总量已经跃居世界第二，蛋糕已经不小，但同时基尼系数亦位居世界前列，农民工仍然赚取着排名世界倒数的微不足道的工资，显然，"做大的蛋糕"并没有做到人人有份。我们认为，做蛋糕的方式决定了蛋糕的分配方式，正是当下这种资本主导的发展模式导致劳动者成为资本的附庸，沦为资本赚取利润的工具；劳动者的主体性地位不复存在，利润的获取以压低劳动者所得为代价，贫富分化也就不可避免了。权力的资本化和资本的权力化结合，使得劳动者既无权参与决定做蛋糕的方式，又无权决定蛋糕的分配方式，因为前者决定了后者。因此，归根结底分配问题本质上是一个生产方式的问题，而解决问题的关键则在于改变"做蛋糕"的方式，只有劳动者参与生产决策的权利得到保障，一种更加公平的分配方式才能确立。因而，如何走出中国目前的发展困境以及由此带来的严重的社会矛盾，关键是在反思整个生产方式的基础上，从根本上调整劳动关系，解决广大劳动者的出路问题，重新赋予其主体性地位。

## 工人力量与阶级形成

众所周知，阶级分析的中心性是马克思主义学说的基本原则。然而，20 世纪中期以来近半个世纪的西方马克思主义理论的发展，基本上是质疑和否定这一原则的过程。西方左翼知识分子深深地为西方社会的一个现象所困惑：被马克思寄予厚望的工人阶级，为什么迟迟不起来担负起它"本应承担"的使命？换言之，工人阶级的革命主体性为什么迟迟没有显现出来？他们从不同的方向解释这一"为什么不"的问题，却共同建构出了一个阶级结构、阶级意识和阶级行动之间可能存在背离的巨大空间。在马克思那里，虽然有"自在阶级"和"自为阶级"的区分，但是阶级结构、阶级意识和阶级行动这三者的内在统一性是预定的，"自在"到"自为"的转化也是自然而然的历史过程，马克思认为资本主义生产方式的发展必然带来阶级结构的简单化和尖锐的阶级对立，"我们的时代，资产阶级时代，却有一个特点：它使阶级对立简单化了。整个社会日益分裂为两大敌对的阵营，分裂为两大相互直接对立的阶级：资产阶级和无产阶级。"（《共产党宣言》）

马克思预言的革命还没有来临，相反西方社会在"二战"之后走向相对繁荣和稳定的通道，为了弥合西方现实社会进程与马克思主义之间的鸿沟，"后马克思主义"的西方学者发展出一系列丰富的解释，其中有三个方向特别具有影响力：其一是"意识形态的危机"说，认为资本主义的国家机器制造出一套遮蔽性的意识形态，连同消费主义文化，成功地阻碍了工人的阶级觉悟的发育。[①] 其二是"多元认同"说，它批评传统马克思主义的"经济主义"和"阶级还原论"，认为经济利益只是界定工人身份认

---

① 卢卡奇：《历史与阶级意识》，杜章智译，商务印书馆，1999；葛兰西：《葛兰西文选》，人民出版社，1992；伍德：《新社会主义》，江苏人民出版社，2008。

同的一个维度，性别、族群、宗教、文化等多种社会因素都应参与到工人认同的构建中，换言之，工人未必按照生产关系中的位置来认识自己的处境和利益，更谈不上行动了。① 其三是"中产阶级"说，它注意到西方社会工人"中产化"的趋势，就经济上的剥削角度而言，中产阶级与普通工人一样不拥有生产资料，具有工人阶级属性，但是就劳动生活经验中的异化角度而言，中产阶级又因其对知识、技术和组织的操控和工作上一定的自主性，较少具有工人阶级的异化感。因而，中产阶级具有比较矛盾和模糊的阶级位置。②

将工人革命性的丧失归咎于资本主义意识形态，构建了政治和意识形态的独立性与支配性地位。也正因此，这些学者会热切地将"文化革命"时的"毛主义"视作法宝，将社会主义的意识形态用作对抗资本主义霸权的武器。然而，当他们这样做的时候，实际上正在疏离马克思主义阶级分析的本质，将生产关系、剥削从社会结构的核心中"移植"出去。"中产阶级"说看到了西方社会结构自身发生的变化，但是由于缺乏第三世界视角，不可能从全球经济分工的不平等中把握西方社会阶级结构的历史阶段性，反而容易将其视作当然。如此看来，后马克思主义一方面忽略了西方社会内部发生的结构性变化，另一方面过分夸大了意识形态的效用。分析起来，"告别工人阶级"在西方不仅是意识形态的后果，而且有着客观的社会基础，简单来说，第一世界的西方正是通过剥夺第三世界，在很大程度上将阶级矛盾转移为民族国家的矛盾，得以在国内维持一支庞大的中产化的工人队伍，从而削弱了工人阶级的革命主体性；与此同时，这种转移也在第三世界国家里制造了更为严重的阶级矛盾。

回到中国，改革开放同时也是一个逐渐卷入世界资本主义体系中的历史进程。伴随着中国成为"世界工厂"与"世界工地"，一个多达两亿的庞大的农民工群体逐渐形成。可是在如何理解农民工的社会地位，造成农民工困境的原因等重要问题上，却存在着重要的分歧。其中一个非常核心的分歧是是否应该以阶级的视角来看待农民工问题。目前占据主流地位的阶层视角与新兴的阶级视角之间的分野，不单是对资本主义生产关系是否存在于中国的认识上，而是对资本主义生产关系下社会性质和社会矛盾的判断，以及对当下的社会矛盾是否建立于根本的利益对立，是否可以调和与避免的认识上。阶层视野否认资本主义生产关系中内在对立的结构性因素，主张不同阶层之间利益调和与社会流动的可能性。阶层视野期待通过分配制度的改善、法治的健全、农民工教育水平的提高等途径解决农民工问题，也就是说他们相信通过创造更好制度文化的努力可以调和社会矛盾。更甚者，一些学者甚至将农民工的出现本身视作农民

① Laclau, Ernesto and Chantal Mouffe, *Hegemony and Socialist Strategy* (London: Verso, 1985).
② Erik Olin Wright, *Class Counts* (Cambridge University Press, 2000).

向上社会流动的一种体现，而根本不顾及造成这种流动的背后的剥削关系。

而阶级视野突出资本主义生产关系中内在利益对立的结构性基础，强调资本家阶级和工人阶级之间不可避免的劳资冲突，主张只有将处于失语、错位和扭曲的阶级话语拯救出来，才能够直面和回应产生利益对立、制造社会不公的结构性根源。在阶级视野中，农民工问题主要是占有生产资料的资本方与失去生产资料的劳动者不对等关系的体现，农民工问题的提出，不单是要处理一个资本主义生产关系下的阶级冲突的普遍议题，而是要特别地关注一个处于后社会主义转型历程中的中国工人阶级形成的特殊主题。阶级视野认为，农民工问题的解决离不开农民工这一阶级主体的诞生与抗争，离不开资本主义社会关系的改变与再造，也就是离不开对结构性格局中的生产关系与分配关系的实质性变革。

在西方社会理论界"告别工人阶级"的时候，吊诡的是我们却正在中国真实地面对着一个庞大的工人阶级艰难诞生的历程。为了给强调个体主义、专业主义、机会平等和开放市场的新自由主义话语扫清道路，阶级话语在中国被有意无意地或扭曲或压制，在这个意义上，被投掷于资本主义生产关系之中的两亿农民工很有些"生不逢时"的意味，然而，他们以对强加在他们身上的剥削的最直接自发的反抗，顽强地将多方力量遮蔽的阶级结构及阶级对立暴露在世人面前，并呼唤自己作为一个阶级存在的合法性。

在资本主义历史发展过程中，资本总是过于强大，工人相对来说处于弱势地位。那么工人的集体抗争力量究竟在哪里？怀特详细区分了工人阶级力量的不同来源。他指出了两种主要的力量来源，一种是"结社力量"（Associational Power），另一种是"结构力量"（Structural Power）。结社力量指的是工人形成集体组织的各种基础。结构力量指的是工人在经济系统中的位置，反映的是工人的议价能力。[1] 结构力量与结社力量分析框架的引入，为我们探寻工人阶级抗争提供了可操作化的中层框架。正如裴宜理所言，"不同的工人有不同的政治"，对工人抗争的研究需要我们走近具体的工人，探究他们所承载的具体的抗争力量。[2]

在当今的中国，新工人的阶级形成与阶级行动面临一系列不利的条件。就"结社力量"而言，他们缺乏罢工等西方资本主义社会中普遍通行的制度化抗争渠道，也没有工会等现代社会的组织支持，甚至连行会、帮会等传统的组织都缺失。就"结构性力量"而言，又可以分为两个层面来讨论，其一，新工人的半无产阶级化状态使得他

---

[1] Wright E. , "Working Class Power: Capitalist—class Interest and Class Compromise", *The American Journal of Sociology* 105（4），2000，p. 962.

[2] 裴宜理：《上海罢工：中国工人政治研究》，刘平译，江苏人民出版社，2001，第 328 页。

们无法获得一个完整的工人身份，他们的身份认同徘徊于农民和工人之间，影响了他们的阶级意识与行动能力；其二，在许多行业中，分包劳动体制将工人分割安排在一支支小规模的包工队中，难以通过大规模的集体行动影响生产过程，此外，包工制度的遮蔽性，经常成功地将工人的抗争拖延到生产任务完成之后，使得工人工作现场的议价能力大大降低。然而，所有这些不利条件都不能杜绝工人的抗争行动，因为资本主义生产关系总是源源不断地制造出劳资之间的矛盾和对立，并经常突破工人的底线，将他们推入忍无可忍的处境中。不断积累的斗争经验也逐渐改变着工人自身，他们在学习和成长，学会如何在夹缝中生存，如何与资本和权力周旋、对抗。工人们最基本的经验是，"只要是人多，什么事情都好办，人多你一闹，老板就把钱给你了，最怕的就是人太少，人少的时候老板就不拿你当回事，随便找个理由就拖着你，有钱也不给你"。

在生产线上，在工地上，在宿舍里，在具体而微的工作和生活实践中，工人们无时无刻不深切体会到剥削、压抑、无奈、苦闷和愤恨。事实上，新工人的这种体验和情感正是由他们所处的生产关系决定的，是他们的阶级地位造成的。"打工可以暑热严寒，但不能没有工钱"，正如一首"讨薪之歌"所揭示的，当工人辛辛苦苦劳作却拿不到工资的时候，资本毫无止境的压迫已经一步步逼近工人所能接受的底线。资本对劳动价值的最大化榨取，使得工人日复一日地在恶劣的工作和生活条件中煎熬，不断破坏着工人心中的公平与道义观念，也激起工人的不满和怨恨。平时，这种不满和怨恨被压抑下去，但并没有消失，而是在工人心里日积月累。最终，在追讨工资的关键时刻爆发出来，形成巨大的力量。正是在这样的抗争行动中，尤其是在集体抗争行动中，处于模糊的、零碎化状态的不满和怨恨逐渐明确方向，聚焦为劳工与资本之间的对立意识，并摆脱与乡缘意识的纠结，成长为比较明晰的阶级意识。

新工人阶级是中国社会生产关系和制度变革的产物和主角，它又如一个缩影一样，揭示了三十多年改革所造成的全部社会冲突和矛盾。在世界工厂和大工地上，我们俨然看到了一个以地产和工业资本为代表的资产阶级的到来和迅速膨胀，他们一面世，就成为新时代社会关系的中心和主导；同时，我们也见证了新工人在艰难挣扎求生存中的苦难，以及一个新兴工人阶级孕育的艰难历程。在今天，我们看到的是不可回避的阶级对立和冲突，即使在今天这个阶级话语消逝的年代也无法被完全掩盖。就这样，一个阶级幽灵正在大地上徘徊，它一次次地飘荡，一次次地归来，顽强地对抗被这个社会抑制和遗弃的命运，呼唤着阶级主体一次重生的机会。

# 经典文献：资本积累的金融化

编者按：自 20 世纪 80 年代以来，以美国为代表的发达资本主义经济发生了重大的结构性变化，这些变化今日被概括为资本积累的金融化。金融化的发展一方面为资本积累的内在矛盾提供了一个"时间修复"的可能，另一方面也造成了新的危机。马克思主义经济学家最早对这一重大现象展开了分析，并试图提出一个研究的理论框架。在这些尝试中，以斯威齐等人为代表的《每月评论》派和大卫·哈维堪称杰出的代表。马格多夫和斯威齐写于 80 年代初的一系列论文，敏锐地捕捉到美国资本主义经济向金融化发展的最新动向，并试图把这一现象和他们的"停滞理论"相联系，以便为前者提供一个理论分析的框架。哈维则在其关于资本主义都市化的制度分析中，提出了资本积累由初级循环向次级循环转移的理论，为理解金融化发展提供了重要的理论视角。他们的理论是相互补充的，并为今日政治经济学家的研究开辟了道路。本刊特意组织翻译了这两篇文章，以飨广大读者。

# 阶级－垄断地租、金融资本与都市革命<sup>*</sup>

大卫·哈维

龚　剑　译[**]

许建康　校

　**摘　要**　在都市中，资源（如住房）供应者阶级的投资回报率，是由供应者阶级与消费者阶级冲突的结果所设定的。这种情形又是由各种金融机构的政策构造出来的，产生出在地理上相互隔离的同类社群的住房次级市场。由此实现的阶级－垄断地租，反过来构成了激励都市化发展必需的社会结构，并具有乘数效应。都市化进程因而处于不平衡状态，阶级－垄断地租的实现导致居住结构的变迁，以致在社区中爆发包括阶级斗争在内的各种形式的冲突。这是金融资本霸权对都市化进程施加控制性影响的

---

　[*]　本文译自 David Harvey, "Class - Monopoly Rent, Finance Capital and Urban Revolution", *Regional Studies* 8 (3), 1974, pp. 239 –255。大卫·哈维现任纽约市立大学研究生院（The Graduate Center, CUNY）人类学和地理学特聘教授。本文是马克思主义学者大卫·哈维数十年城市研究的开山之作，首次提出了"阶级－垄断地租"的概念，用以刻画发达资本主义都市化过程中各社会群体间冲突的本质，并将其纳入资本主义生产方式演进的框架，从而为其后来的研究奠定了基础。

　[**]　大卫·哈维（David Harvey），美国约翰·霍普金斯大学地理学与环境工程系教授。译者龚剑，上海财经大学马克思主义研究院助理研究员。

必然结果。

**关键词**　阶级冲突　阶级 – 垄断地租　金融资本　垄断地租　都市革命

列斐伏尔（H. Lefebvre）在一本鼓舞人心的著作中主张，应当把 19 世纪的工业革命，视作 20 世纪"都市革命"的先声。据他本人解释，"都市革命"意味着"当今社会的整体转型，其结果是：以经济增长和工业化问题为主导的时期，让位于都市问题起决定性作用的时期。"①

列斐伏尔并未明示，资本主义的这一"整体转型"有何含义，以及如何转型和为何会发生这样的转型。同样地，当他提出"全球剩余价值在工业中形成和实现的比例下降，在投机、建筑和房地产开发中形成和实现的比例，却在同时上升"② 这一命题时，他也没有阐明其含义。"资本的次级循环"正在替代"资本在生产中的初级循环"，这一命题的含义令人震惊，在决定是否接受这个命题之前，必须对其加以详细考察。在本文中，笔者将以地租，尤其是都市化背景下的阶级 – 垄断地租作为考察对象，以阐明列斐伏尔提出的假说。

## 一　都市化世界中的地租概念

自然物质和自然力转变为对特定社会环境、自然环境有用的物质和力量，这一过程是价值的来源所在。在笔者看来，这一命题不言自明。这一转变过程的至简形式，莫过于价值在生产过程中产生，并在消费过程中实现。不过，如果没有一个复杂的社会结构（如分工、社会必要服务的供应，等等），没有一个协调个人和群体行为的社会制度结构，且没有最低限度的物质基础设施（如通信线路、公用设施，等等），生产和分配就无从发生。因此，任何一个生产和分配的体系，都必须将所生产价值的一部分转移出去，为社会必需的制度、服务和物质基础设施提供支撑。

在地租概念史上，作为地租象征的转移支付是否合理，始终是一个颇具争议的问题。③ 不过，近年来有许多人开始认同一种观点，即地租是一种配给手段，它使土地及相关资源这一稀缺的生产要素实现理性和有效的配置，满足社会的生产需要。④ 根据这种观点，地租是价值的有效生产所必需的协调机制。但这一新古典经济学的观点也有问题，它把地租视作对一种稀缺"要素"（即一个"物"的概念）的支付，而不是对

---

① H. Lefebvre, *La Révolution Urbaine* (Paris: Gallimard Idées, 1970), p. 13.

② H. Lefebvre, *La Révolution Urbaine*, p. 212.

③ J. S. Keiper, et al., *Theory and Measurement of Rent* (Philadelphia: Chilton, 1961).

④ P. H. Wicksteed, *The Co - ordination of the Laws of Distribution* (London: MacMillan, 1894).

人的实际支付。这种物化的处理便于分析，但实际支付的对象不是土地，而是活生生的人。让租赁者相信收租者只不过是稀缺生产要素的象征，并不是件容易的事。在以竞争实现社会和谐的新古典教条中，地租似乎是无辜的，而事实上，地租所引发的重要社会后果切不可忽略。①

应予以考虑的还不止这些。对地租的支付来说，特定的根本制度是不可或缺的。在我们的社会中，最关键的是私有产权的安排。实际上，地租作为一种转移支付，正是私有产权制度下对土地和资源垄断权力的实现。因此，如果不对这些支持性制度的绩效予以评价，就无法考察地租的产生和实现。

地租是为何而支付的？最简单的回答是，它支付给拥有稀缺生产要素的他人。稀缺又从何而来？自从生产有了系统的组织，人类社会就察觉到，许多自然资源（从对自然的技术评价和文化评价来理解②）都是有限的，因此，人们倾向于把稀缺视为自然的内在属性。据此，人们在使用高于平均生产率水平的土地和矿藏时，可能愿意让步，支付更高的金额。但若做一反思，"自然财富"和"稀缺"等概念尚不能令人满意。几乎不存在比平整土地、挖掘矿藏等生产活动更早出现的"自然财富"了。随着时间的推移，山坡梯田、土壤蓄肥、排干沼泽等相对永久的改良，在人们的眼里可能也成了供人类使用的"自然"资源。这个问题在都市化的世界中更为凸显。都市化造出了相对永久的、人造的资源体系。③ 人类的努力与数百年来固定且不可移动的土地资产结合起来。因此，一个地块的地租高，可能源于其生产率较高，但它的生产率又是由广泛分布的人类资源体系（如伦敦）创造的。由于这些相对永久的固定资产在分布上高度本地化，都市化过程也就创造出前所未有的稀缺。如果地租是对稀缺生产要素的转移支付，那么，都市化过程就使得实现地租的机会成倍地增加了。

自然生成的稀缺与人为制造的稀缺之间界限的模糊，给区分地租和利润带来了困难。比方说，是应将住房看作一种并入土地价值的相对永久改良，还是建造住房的资本赖以获利的商品？对这个问题的回答取决于"相对永久"的含义。住房确实是作为一种商品而得以生产和支付，但当生产和支付完成之后，也可以把住房视为并入土地价值的、相对永久的改良。可以把白金汉宫看作一种永久改良，刚刚建好的郊区住房

① J. Barnbrock, "Prolegomenon to Debate on Location Theory: The Case of Von Thunen", *Antipode* 6 (1), 1974, pp. 59-66.

② W. Firey, *Man, Mind, and the Land: A Theory of Resource Use* (Illinois: Glencoe, 1960); A. Sphehr, "Cultural Differences in the Interpretation of Nature Resources", in W. Thomas, eds., *Man's Role in Changing the Face of the Earth* (Chicago: University of Chicago Press, 1956).

③ D. Harvey, *Social Justice and the City* (London: Edward Arnold, 1973), Ch. 2.

则没有那般幸运。以这一视角看待城市的办公楼、商店、交通网络等其他建筑形式，似乎也是合理的。

地租只是一种转移支付，很难把它与生产性资本投资的利润相区别。单个投资者不会刻意关注二者的区别，他们更看重金融支出的总体回报率。因此，货币只会投向回报率最高的地方，它们并不关心生产性活动是否包括在内。如果房地产市场回报率高，投资就会从资本的初级循环转移到次级循环，这与列斐伏尔的命题是一致的。根据投资者的观点，没有什么可以阻止资本的转移。不过，有一点尚需解释，即次级循环的回报率何以在任何时候都高于初级循环的回报率。投资者不再考虑生产性投资与非生产性投资的区别这一事实，并不能否定这种区别作为社会现实的重要性。如果所有资本都追逐地租，没有资本投入生产，那将不会再有价值生产出来，也就没有什么可以用于作为地租象征的转移支付了。

## 二 阶级-垄断地租、都市化与阶级-垄断权力

支付地租的原因有多种。马克思提到的地租范畴包括级差地租、绝对地租和垄断地租，沃克最近又加上了再分配地租，这些范畴的用处，仅在于促使我们考察产生地租的不同情形。[①] 笔者把本文将要关注的一个概念称为"阶级-垄断地租"，这种形式的地租究竟应当包含在马克思意义上的绝对地租范畴之中，还是包含在垄断地租范畴之中，到目前尚未可知。要解决这一问题，应当首先解决与马克思再生产公式中，价值与价格关系相关的"转形问题"。[②] 笔者认为，最好将阶级-垄断地租视作绝对地租的一种形式，不过，鉴于这个问题颇富争议且悬而未决，本文如下部分将坚持使用"阶级-垄断地租"这一中性概念。

阶级-垄断地租产生的原因是，存在一个握有"资源单元"（土地和嵌入土地的相对永久改良）所有权的阶级，只有当他们在任意水平上获得合意回报时，"资源单元"才会让渡给使用者。[③]"资源单元"所有者作为一个阶级，始终握有获取最低水平回报率的权力。这里的关键概念正是阶级权力。如果土地所有者不能按照界定完好的阶级利益行事，就不能实现阶级-垄断地租。土地所有者获得的阶级权力，在某种程度上

---

[①] D. Harvey, *Social Justice and the City*, Ch. 5；R. A. Walker, "Urban Ground Rent: Building a New Conceptual Framework," *Antipode* 6 (1), 1974, pp. 51 – 58.

[②] 关于"转形问题"的文献有很多，莱伯曼引用了其中多数文献，参见 D. Laibman, "Values and Prices of Production: the Political Economy of the Transformation Problem", *Science & Society* (37), 1973, pp. 404 – 436. 马克思曾经论及转形与地租之间的关系，参见《马克思恩格斯全集》第四十六卷，人民出版社，2003，第 45 章。伊曼纽尔批评了马克思的观点，参见 A. Emmanuel, *Unequal Exchange: A Study of Imperialism of Trade* (New York: Monthly Review Press, 1972)。

[③] 参见《马克思恩格斯全集》第四十六卷，第 45 章。

源自如下事实：如果他们不把所掌控的全部资源单元让渡出去，他们中的每个人也能过得很好。

在 19 世纪的欧洲，土地所有权本质上还是一种封建残余。马克思注意到，土地和其他生产性资源收归国有，关乎资本家阶级的利益，因为这样可以减轻资本家对土地所有权转移支付的负重。[①] 但是，资本家不可能对确保地租实现的私有产权（它构成了土地所有者阶级权力的基础）发起挑战，因为私有产权安排也为企业家行为提供了必不可少的法律框架。然而，在一个都市化的世界中，资本家和土地所有者的界限模糊了，与此同时，土地与资本的界限、地租与利润的界限也模糊起来。因此，我们需要将已有的概念类型，用于处理具有复杂性的、分布广泛的人造资源体系。与此同时，新的问题产生了：这些资源单元（自然资源或人工资源）的所有者应当如何行事，才能使得地租的实现成为可能。如果地租能够实现，土地所有者的阶级权力的基础又是什么，他们是如何界定"阶级利益"的，应当怎样说明他们同社会阶级结构的关联，以及他们在这种关联的形成中所起的作用？本文列举两个阐明"阶级利益"含义的例子，以此为开端，回答上述问题。[②]

1. 土地所有者与低收入租赁者

假定有这样一个阶级：人们受制于收入、社会地位、信用等级和能获政府援助资格的限制，既不能拥有住房，又不能居住公共住房。在任何一个欧美大城市中，都明显存在这样一个阶级。身处这个阶级的人们别无选择，只能在面向低收入者的租赁市场上寻找住所，并且被困在这个次级住房市场上。他们的需要由土地所有者阶级来满足。土地所有者种类众多，既包括只出租阁楼的老妇，又包括专门的大型企业。为叙述方便起见，假定所有待租住所都由职业化的土地所有者——经理阶级提供。这个阶级在货币投向方面，拥有特定的选项，但他们的多数资本都体现为住房形式。职业化的土地所有者，可能会根据货币在资本市场上的潜在收益，对其固定资产的市场价值设定预期回报率，如 15% 的年收益率。假定出于某种原因，某个城市中供低收入居住的单元非常充分，回报率低至 5%，则土地所有者的理性策略是减少住房保有量，挤出住房存量的价值，主动减少投资，把从中抽取的货币投入到资本市场，以获得 15% 的回报率。随着住房保有量下降，住房质量恶化，最劣等的住房终将不敷使用，也就成功地产生了稀缺。地租将逐渐上涨，直至回报率达到 15%（如果可能的话，没有什么

---

① 参见《马克思恩格斯全集》第三十四卷，人民出版社，2008，第 42 页。

② 可能有人反对，认为笔者对"阶级"和"阶级利益"的使用过于随意。笔者在下文中将用这些概念代指一个群体，它们在控制社会稀缺资源的斗争中拥有共同利益，且其利益得到清楚的界定。笔者将以"社会阶级"或"社会结构"代指比阶级更为一般化的概念。马克思使用过"阶级 - 垄断地租"这一概念，参见《马克思恩格斯全集》第四十六卷，第 215～216 页。

能够阻止回报率达到更高的水平）。这样，土地所有者通过撤出住房租赁市场，实现其阶级利益，获得了不低于 15% 的回报率。

　　土地所有者阶级利益与租赁者阶级利益之间的冲突是很明显的。住房质量恶化，租金上涨，租赁者们就不得不另寻他处，但他们被困在这个次级市场上，因而权力有限。有一种可能性是，他们如果拥有一定的政治权力，可能会试图实施最低住房标准或者控制租金，以抵消土地所有者的阶级 - 垄断权力。如果相关立法降低了土地所有者的利润，土地所有者就会将固定资本（即住房）转变为货币，投入资本市场。如果价格很低，出售住房就不值了。来自社会、立法和政治方面的压力，将使土地所有者难以承受来自社会和财务方面的惩罚。此时，土地所有者也许会妥协，设定更低的回报率。低收入租赁者因而在某种程度上战胜了土地所有者的阶级 - 垄断权力。另一种可能性是，租赁者的政治力量较弱，适合低收入租赁者的住房，因人口迁入和再开发而较为短缺。如果土地所有者可以轻而易举地出售住房，或者把住房转变为其他用途（如提供给高收入租赁者），那么，土地所有者阶级的权力将非常可观，能够把回报率提高到 15% 以上。面对租金上涨、可支配收入有限的窘境，低收入租赁者只能进一步拆分居住空间，进而导致居住过度拥挤和贫民窟的形成。

　　在任何一个资本主义城市中，都可以找到类似于租赁者阶级与土地所有者阶级之间利益冲突的记载。① 即使土地所有者通常把回报率视作在资本市场投资的回报率，回报率实际上仍是在冲突中得以设定的，可以将这一事实视为对阶级 - 垄断地租的最佳解释。这种地租的实现，有赖于一个具有共同阶级利益的群体向另一群体动用权力，以确保特定水平的最低回报率。

　　2. 投机者 - 开发商与郊区中高收入者

　　另一个例子更为复杂，但它说明，阶级 - 垄断地租在住房市场的所有部门都能实现。由于收入的关系，高收入群体对住房的选择面非常宽泛。但是，如果他们对社会地位和社会声望极为敏感，住房的生产者（正是他们主动把这些观念施加于买者）就得到了一个实现阶级 - 垄断地租的机会，原因在于该群体中，每个消费者都希望能和同类身份的人比毗而居。中间收入群体的选择则相对较少。如在美国的多个城市，中等收入群体迁往郊区，一方面是因为他们被郊区梦所俘获，另一方面是由于城市的社会变迁。低收入的"流氓无产阶级"拥入城市，城市服务减少，地产价值缩水，来自

① L. Chatterjee, *Real Estate Development and Deterioration of Housing in Baltimore*, Ph. D. Dissertation, Department of Geography and Environmental Engineering, The Johns Hopkins University, Baltimore, 1973; G. Sternlieb, *The Tenement Landlord* (New Jersey: New Brunswick, 1966); Milner - Holland Report, *Report of the Committee on Housing in Greater London* (London: Her Majesty's Stationery Office, 1965).

邻里的财务支持撤走，就业机会减少，这些因素强有力地推动了中产阶级向郊区迁徙，借用笔者此前的说法，这是一个"挤出"的过程。[①]

阶级－垄断地租的实现，还有赖于投机者－开发商阶级的存在，它有权将阶级－垄断地租据为己有。[②] 在自由市场经济中，投机者－开发商的服务是有益的。他们促使土地利用的变迁发生在最佳时间，确保土地和住房的当期价值反映预期的未来回报，试图把外部性组织起来，以提高当前开发物业的价值。总的来说，面对较大的市场不确定性，他们起到了协调和稳定的作用。[③] 事实上，投机者－开发商在资本主义经济运行中起了不可或缺的作用。鉴于都市化过程与经济增长的普遍联系，投机者－开发商作为都市化的促进者，对于促进经济增长甚至起了关键作用。为了有效发挥他们的功能，一些特定的支持性制度是必需的。各国的制度有所不同，但必须提供两项支持。①必须存在某种形式的政府管制，如规划、分区控制或者基础设施供应，以降低土地利用竞争中的不确定性。②必须提供便利的税收安排，以鼓励富有的群体充当投机者－开发商，只有他们才能等待土地变"熟"。第一项支持，使得投机者－开发商可能对未来形成合理预期。第二项支持则确保，只有资源充足的群体才能承担协调和稳定土地利用变迁的任务。

只有当投机者－开发商具备了施行共同阶级利益的机制，阶级－垄断地租才能实现。事实上，上述必要的制度支持能提供这种机制。例如，在美国，投机者－开发商往往通过操纵分区决策，实现阶级－垄断地租，他们在政治上控制郊区管辖范围的现象，也是司空见惯的。如加夫尼（M. Gaffney）所说，在与土地利用决策有关的卡特尔式的制度安排中，郊区管辖范围是最有效的安排之一。[④] 在市场经济中，政治腐败的作用同样关键，因为它松动了官僚主义对土地利用过度僵化的管制。但是，如果连最低限度的政府管制和制度支持都没有，投机者－开发商就不可能成为土地利用变迁的促进者、协调者和稳定者。倘若没有一个利益群体能起到这些作用，郊区开发将陷入混乱，金融资本将被迫撤离郊区化过程。它们的撤离对一般层面的经济增长、有效需求

---

① D. Harvey, Social Justice and the City, Ch. 5.

② 这里的"投机者－开发商"概念，用于代指在土地和房地产市场上经营的个人和机构，他们持有的观念是，通过出售土地和改变土地用途获利。这一活动在实践中存在分工，不同机构在各自的限制条件下经营（例如，有一份报告描述了企业家和皇冠、教堂等封建秩序遗迹的区别）。参见 Counter Information Services, *The Recurrent Crisis of London：CIS Anti－report on the Property Developers*, London. 52 Shaftesburg Ave., W. 1, 1973.

③ M. Neutze, *The Suburban Apartment Boom：A Case Study of a Land Use Problem* (Baltimore：Johns Hopkins Press, 1968)；P. Hall, et al., *The Containment of Urban England*, Vol. 2 (London：Taylor & Francis Ltd., 1973), Ch. 6.

④ M. Gaffney, "Releasing Land to Serve Demand via Fiscal Disaggregation", in M. Clawson, ed., *Modernizing Urban Land Use Policy* (Baltimore：Johns Hopkins Press, 1973).

和资本主义市场体系的打击是致命的。

投机者－开发商实现阶级－垄断地租的程度，取决于他们与市场中各消费者群体冲突的结果。如果投机者－开发商能说服高收入群体在有特定邻里的地段居住，并且完全主导了与土地利用调节、基础设施供应有关的政治过程，优势就在投机者－开发商一边。如果消费者不为投机者－开发商的甜言蜜语所动，并且牢牢地主导了政治过程，投机者－开发商的垄断权力就将受到遏制。一旦投机者－开发商未能实现最低水平的回报率，他们将撤出这桩生意，直到回报率上升。很难说这个最低水平的回报率是多少，但是在美国，这个数字达到 40% 并不奇怪。

上文列举的两个例子，为我们理解都市化背景下阶级－垄断地租与阶级－垄断权力的含义，提供了一个视角。首先，在按资本主义方式组织起来的土地和住房市场中，不可避免地存在这种形式的地租。其次，由阶级－垄断地租引发的转移支付已经结构化。一个土地所有者居住在郊区，投机者－开发商是否会放弃向他收取阶级－垄断地租？请注意，在这个例子中，地租是土地所有者从低收入租赁者那里收取而来，继而交给投机者－开发商的。地租反方向转移到低收入租赁者手中，则是不可能的。因此，我们可以合理地推断，围绕着阶级－垄断地租，存在某种层级结构，使得地租只能向上渗透，而不会倒流。位于这个层级结构顶端的，正是金融机构。这就引出了一个问题：这个层级结构是怎样产生的，它存在的理由又是什么？

## 三 住房市场协调活动的层级制度结构

笔者首先提出一个基本命题：促使阶级－垄断地租实现的层级制度结构，为协调住房市场活动所必需，它有助于避免经济危机。验证该命题的困难在于各国的制度安排显然千差万别。但各资本主义经济体都必须在全国和地方层面具备经济整合机制，以结合个人决策与社会整体的需要。简言之，任何社会都必须把人类实践规范化，以解决社会加总的问题。[①] 这种规范化的人类实践，体现在金融和政府机构的结构之中，在笔者看来，正是它们构成了土地和住房市场中阶级－垄断权力的基础。为探究这一命题，笔者将考察这种制度结构在美国的表现形式，并指出它如何给巴尔的摩市带来特别的影响。

政府机构与金融制度在全国层面的运行并非毫无目的，总的来说，它们都要确保社会的再生产以有序的、非破坏性的方式应对可能出现的问题。在资本主义社会中，这意味着，政策要导向有序的资本积累、经济增长，保障资本主义社会中基本社会关系和政治关系的再生产。在住房市场中，全国性住房政策关注的焦点主要有三个方面。

---

① D. Harvey and L. Chatterjee, "Absolute Rent and the Structuring of Space by Financial Institutions", *Antipode* 6 (1), 1974, pp. 22–36.

（1）确保建筑业、经济增长和新家庭形成之间的关系有序；

（2）建筑业和住房部门在某种程度上是凯恩斯意义上的稳定器，确保经济的短期稳定性，熨平经济的周期性波动；

（3）通过住房供应，管理社会福利的分布，确保国内和平与安宁。

美国自 20 世纪 30 年代以来，这几个方面就被嵌入了政策目标。[①] 从某种程度上说，经济增长是经由快速的郊区化完成的，美国联邦住房管理局实施的全国性住房政策，对这一过程颇有助益。国民生产总值总量和人均量自 20 世纪 30 年代以来的增长，很大程度上得益于郊区化过程（包括对高速公路、公用设施和住房建设、汽车和天然气的有效需求）。建筑业作为一种主要的反周期工具，有效抑制了这一时期经济的周期性波动。政府施行的政策催生出一个分布广泛的中间收入群体，他们如今成为"债务缠身的住房所有者"，不希望社会出现不安定因素，从而削减了社会不满情绪。20 世纪 60 年代，黑人与城市贫民也曾因为没有得到"体面人居环境中的体面房屋"（正如国会常年表述的那样）而不满，上述做法同样成功地把很多穷人变为债务缠身的住房所有者，从而消除了这一时期的社会不稳定因素。由此可见，在全国层面出台的住房政策，旨在维护现有社会结构的基本构成，为经济增长和资本积累提供便利，消除经济周期性波动的影响，平息社会的不满情绪。

全国性的住房政策如何传导至地方，个人决策又怎样被整合起来？美国的联邦、州和地方政府形成了一个三层政治结构，每一层都有独立的官僚机构。联邦层面的官僚机构本身就是按层级来组织的，因而能够与地方的住房市场关联起来。联邦住房管理局管理着一系列政府项目，并且其运作相对独立于州和地方的政府。全国、地方、个人和社会活动的主要协调机制，其实是在政府调节之下具有层级结构的金融机构。这种结构极其复杂，此处先不做分析。这些金融机构有一个非常重要的特征：在住房部门中，由州和联邦特许的储蓄和贷款机构是独立经营的。设计这种机构的初衷是"提倡节俭，为自己和邻居购房融资"。[②] 其中一些机构立足社区，受存款人控制，经营不以赢利为目的。它们理所应当地受到货币市场状况和政府调节的影响。这些机构不同于以赢利为目的、寻求扩张的抵押银行、储蓄银行和商业银行，但这些机构在运营中都同全国层面的政策、地方和个人的决策相关联，并在这一过程中创造了因地制宜的结构，以实现阶级－垄断地租。

巴尔的摩的案例具有代表性。该都市区共有约 200 万居民，其中 90 万人居住在巴尔

---

① Douglas Commission Report, *Building the American City* (Washington, D. C. : Government Printing Office, 1968).

② D. Harvey and L. Chatterjee, "Absolute Rent and the Structuring of Space by Financial Institutions".

的摩市，另有 60 万人居住在环绕巴尔的摩市的郊区，即巴尔的摩县。巴尔的摩县的政治机器由投机者－开发商的利益主导，直到现在他们还在操控，实现投机收益，政治腐败颇为常见（斯皮罗·阿格纽曾任巴尔的摩县县长[①]）。对新住房的持续需求，是实现阶级－垄断地租所必需的。还有一点应当考虑的是，巴尔的摩县的投资氛围与巴尔的摩市截然不同。巴尔的摩县的主要趋势是增长和扩张，所有机构宛若一体。相比较而言，巴尔的摩市景气时，只是稳定在原有水平，不景气时，则迅速陷入衰退。结果，投资资金的渠道流向巴尔的摩县，对在巴尔的摩市投资犹豫不决，这种自我证实的预测，迫使中等收入群体从巴尔的摩市迁往巴尔的摩县，而这正是投机者－开发商热切盼望的。美国城市与郊区之间的冲突，有助于在城市郊区的边缘实现阶级－垄断地租。

使阶级－垄断地租得以实现的条件，还有巴尔的摩市住房市场的地理结构。这种地理结构由金融机构和政府机构的政策交相构造。为阐明这一点，有必要指出，巴尔的摩市住房市场由 13 个次级市场组成，它们又可归为 8 种类型（参见附件图 1）。每个次级市场中与住房融资有关的数据参见附件表 1 和附件表 2。[②] 显然，巴尔的摩市的住房市场结构，不仅取决于地理因素，而且取决于机构的参与方式，以及联邦住房管理局颁布的住房购买保险计划。这一结构的主要特征如下。

（1）巴尔的摩内城。在内城旧宅市场上，现金与私人贷款交易占主导地位，机构或政府很少参与。这里存在着上文谈到的房东与低收入租赁者之间的矛盾。而今，该市场住房供应量过剩，房东主动削减住宅投资，但仍能取得约 13% 的收益率。低收入租赁者多为黑人，缺乏良好组织和政治控制力，从而被困在这个次级市场。职业化的房东计算资本收益率，使之与资本的机会成本相匹配，从而实现阶级－垄断地租。

（2）巴尔的摩白人居住区。在这一市场中，自有住房者占多数，为住房交易提供融资的，主要是立足本区域的小规模储蓄与贷款协会。它们没有强烈的赢利目的，而是为社区服务。结果，该次级市场几乎不存在阶级－垄断地租。考虑到居民收入较低，相当好的住房仍能以公允的低价买到。

（3）巴尔的摩西部黑人居住区。它出现于 20 世纪 60 年代。中低收入黑人未能成立储蓄和贷款协会，也得不到其他金融机构的信任，在 60 年代早期，他们还遭受联邦住房管理局的歧视。这一群体成为住房所有者的唯一途径，就是按如下方式运作的、类似于"土地分期付款合约"的东西。先由一个投机商以 7000 美元的价格购买一栋住宅，然后加上买卖的佣金、各种融资费用、间接成本、翻新装修的费用等，最后加上

---

[①]　阿格纽于 1962～1966 年任巴尔的摩县县长，后于 1969～1973 年担任美国副总统，在任期间因被控受贿而辞职。——译者注。

[②]　因篇幅有限，附件已节略。

总的利润边际，如 20%，住房的价格不妨记作 13000 美元。为了给这笔住宅交易融资，投机商将自己的信用评级介入住房购买者和金融机构之间，从银行处取得一笔常规住宅抵押贷款，金额等于住房评估价格，不妨记作 9000 美元，再另借 4000 美元，从而为住房购买者安排一笔 13000 美元的组合贷款。为确保风险的安全性，投机商仍保留房产的所有权，但"买者"获准立即占有住房。买者每个月的偿付额，不仅涵盖银行贷款的利息和管理费用，而且包括一部分用于赎回房产所有权的金额，直到买者还清了借来的 4000 美元（比如说 10 年至 15 年以后），才能取得一个估值 9000 美元的常规抵押贷款，开始取得房产的所有权。[①]

上述步骤完全合法，并且是 60 年代早期中低收入黑人拥有住房的唯一途径。在巴尔的摩西部，这类交易有很多。问题是，与白人居住区同等收入的居民相比，白人购买类似住房只需花费 7000 美元，而黑人要花费 13000 美元。因此可以说，黑人遭受了剥削，并支付了"肤色税"，而这只不过是投机者凭借其在金融机构和政府政策的种族歧视中所占据的优势地位，实现其阶级－垄断地租的方式而已。正是"土地分期付款合约"在巴尔的摩西部造就了这个新的次级市场：在这一过程中，白人中产阶级群体感到压力，迁往郊区，投机者－开发商正在那里等着他们，希望为他们提供住所。

20 世纪 60 年代末，围绕土地分期付款协议的政治冲突终于爆发了。在这一过程中，黑人社区才意识到，只要政府和金融机构无所作为，投机商就能牟取暴利，投机问题同金融机构和政府机构的活动是分不开的。土地分期付款合约制度没落了，但投机者并未就此消失，时至今日，他们手中仍有可供其使用的其他工具。

（4）高周转地区。抵押贷款者与联邦住房管理局保险项目在这里结合起来，提供主要服务。在 20 世纪 70 年代，它们起到了土地分期付款合约在 60 年代起到的作用。20 世纪 60 年代末涌现的各种计划，在黑人和城市贫民中创造出一个债务缠身的、具有社会稳定性的住房所有者阶级。这些计划与行政指令一道，终结了对黑人的歧视，随后，联邦住房管理局为以黑人和低收入者为主的住房次级市场提供保险。这项保险在巴尔的摩的主要工具是 FHA 221（d）（2）项目（缩写为 D2），它允许无力支付首付的中低收入群体获得融资。在 70 年代，美国联邦住房管理局在巴尔的摩提供的保险项目，大多为 D2 的变体（参见附件表 1）。

在高周转地区次级市场上，这些计划为投机者实现阶级－垄断地租提供了充足的机会。D2 项目的运行，使得收取"肤色税"不如从前容易。不过，如果白人从城市中迁出，投机者就能以低于估值的价格购买他们的住房，做一些装修，使其达到联邦住

---

① W. Grigsby, et al., *Housing and Poverty*, Institute for Environmental Studies, University of Pennsylvania, Philadelphia, 1971, Ch. 6.

房管理局的质量控制标准，然后把住房出售给 D2 项目。如果联邦住房管理局对质量标准的控制不令人满意（或是投机者拉拢管理者），阶级 - 垄断地租就能凭借收取迁出白人的"退出税"和黑人或低收入者的"进入税"而实现。在底特律、纽约和费城等地，通过对联邦住房管理局项目的贿赂，投机者攫取了极大的暴利。① 在巴尔的摩，由土地分期付款协议在 20 世纪 60 年代创造的次级市场，已扩展至高周转地区，投机者与抵押贷款者、联邦住房管理局的 D2 计划一道起作用。

（5）巴尔的摩市东北部和西南部。该地区的次级市场面向中等收入者，由联邦住房管理局项目创建于 20 世纪 30 年代。时至 60 年代，联邦储蓄贷款机构为购买住房所有权提供融资，已经成为惯例；规模相对较小、面向少数族裔的储蓄和贷款机构，则为从巴尔的摩市少数族裔居住区搬来东北部的人群提供融资。但是，这个次级市场从边界内部感到了压力，金融机构对这一地区的风险极为敏感。因此，如果它们在各方面都感到威胁，将会撤销对该地区的支持。它们的这种做法，使得该地区的住房融资出现了真空，得到联邦住房管理局项目和抵押贷款者支持的投机者，又会回流到此地。该地区出现了大量政治摩擦，也出现了保护中等收入者次级市场不致遭受腐蚀的政治斗争，这种腐蚀一旦产生，中等收入群体将会去郊区寻找住所。

（6）更富裕的群体往往通过储蓄银行和商业银行融资，很少借助联邦住房管理局提供的担保。这一群体握有的政治权力与经济权力，足够阻挡投机者的侵袭，除非偏好发生变化，或服务质量下降，否则他们不会搬走。在这个次级市场中，阶级 - 垄断地租的实现，有赖于他们对声望和地位的考量。

巴尔的摩住房次级市场的地理结构，构成了单个家庭进行住房决策的背景。大致看来，这些决策服从于这个结构，并强化了这个结构。这个结构本身是历史的产物。在长期中可以看到，市场力量的潮起潮落，投机者、土地所有者与开发商的运作，政府机构与金融机构的政策变迁，以及人们偏好的变化等，这一切所催生的冲突与斗争，推动了城市地理结构的持续转型。但是，地理结构在短期内是相当固定的，正是这种刚性容许阶级 - 垄断地租得以实现，无论是在次级市场中，当住房的供给者阶级面对它的消费者阶级时，还是在不同的次级市场之间，当各种各样的过程试图侵蚀它们的边界时（对于投机者 - 开发商而言，每一个次级市场都存在边缘）。在城市的某些地方，冲突可能在某些时候处于潜伏状态，那里的次级市场之间有着稳定的边界，源于自然或人为设置的壁垒，彼此利益相互冲突的力量可能得以和解。但是，想找到一个不爆发任何此类冲突的城市是很困难的。

---

① B. D. Boyer, *Cities Destroyed for Cash: The FHA Scandal at HUD* (New York: Follett, 1973).

## 四　阶级－垄断地租、绝对空间与都市结构

阶级－垄断地租源于资源单元所有者握有索取回报的权力。李嘉图认为，绝对地租只会在岛屿上出现，那里所有的资源单元都将付诸使用，从而产生绝对稀缺。巴尔的摩的例子印证了都市化创造的人造资源体系实际上是一系列人造岛屿，在这些岛屿上，阶级垄断产生出绝对稀缺。对于实现阶级－垄断地租而言，人类实践活动创造的绝对空间至关重要。把空间分割成不同的部分，就构建了绝对空间，每一个部分都被视为独立于其他事物的"自在之物"。① 促使绝对空间形成的根本制度，当然是私有财产关系。由政治管辖权所界定的集体垄断空间，又被官僚对土地利用的管制所切割。各种形式的绝对空间，都为实现阶级－垄断地租带来了可能。不过，这种地租主要是在次级市场中得以实现的，而次级市场的绝对空间结构，多为非正式建构的产物。

对居住结构而言，绝对空间的含义意味深长。对城市中的居住分异有多种解释，如社会生态过程、消费偏好、个人的效用最大化行为等。来自巴尔的摩的证据显示，在居住分异中起积极作用的是金融机构与政府机构，这些活跃的代理人是寻求实现阶级－垄断地租的投资者。这种解释与关于居住分异的传统解释之间的联系很复杂。例如，在巴尔的摩，社区内小规模的邻里储蓄和贷款机构，与城市社区结构的社会生态观点相符，但大多数住房融资都来自追逐利润、寻求扩张的机构。在能够承担风险的土地所有者和难以承受风险的内城住房所有者之间做选择时，商业理性会选择前者，抛弃后者。但并非所有的金融机构都会如此彻底地展示冷酷无情的市场理性——它们会为个人提供支持（来自同一个社会阶级），有时也会主动支持邻里（在特定次级市场上提供的稳定性令人满意）。不过，金融机构在利润最大化和扩张意识上的选项同样是有限的。一只看不见的手，无情地把金融机构引向特定的方向，这一点在阶级－垄断地租的实现上体现得尤为明显。结果，这些机构成为塑造城市居住结构的根本力量。

上文所述并不意味着，种族与民族、社会地位与声望、对生活方式的热望、社区与邻里的团结等因素，与理解居住分异无关。颇为讽刺的是，所有这些特征都增加了实现阶级－垄断地租的潜在可能性，原因在于它们有助于维持岛屿式结构，并在视野狭小的社区创建绝对空间。事实上，说消费者偏好是由系统性生成而非自发产生的，有充分理由。一种最简单的表现是，投机者－开发商说服高收入人群居住"智能"房屋，选择同类身份的邻里。不过，更深层的过程仍有待揭示。如本文第三部分所述，金融机构与政府控制的都市化过程，以实现经济增长、经济稳定，消除社会不安定为

---

① D. Harvey, *Social Justice and the City*, Ch. 5.

目的。如果这些目的都实现了，那么，无论人们是否愿意，都将出现新的消费模式、新的社会欲望和需求。如果它们不是自发产生的，而是体现为一种符合资本主义社会总体需要的方式，它们将迫使或引诱人们去接受。都市化过程成功地实现了这个目的，它使人们面对的选项结构化，并再度结构化，创造出独有的决策环境，从而催生新的选项，这些选项独立于人们自发产生的偏好。

如果说是由金融机构和政府机构为都市化提供动力，由追求阶级－垄断地租的投机者－开发商与投机者－土地所有者在都市化中居间调停，资本主义秩序的再生产是都市化的必备条件，那么，其间"消费阶级"、"分配团体"甚至"住房阶级"等的出现，也就不足为奇了。[1] 当然，个人能够争取或者选择加入某个"分配团体"，从一个"消费阶级"进入另一个"消费阶级"，也能以类似的方式，争取或是选择从一个住房次级市场进入另一个住房次级市场。但是，无论是分配团体的结构，还是住房市场的次级市场结构，都是个人所无法选择的，支配它们的力量并不在消费者主权的范围之内。在此有必要提出一个有趣的一般性命题：都市化过程在生产出新的消费方式、社会欲望和社会需要的同时，也催生了新的"分配团体"或"消费阶级"，它们可能凝结于都市总体结构的不同社区之中。这一点将在本文第五部分展开讨论。

巴尔的摩的例子还引出了另一个不同寻常的结论：在住房市场任一次级市场中实现的阶级－垄断地租，同另一个次级市场实现的阶级－垄断地租之间，并不是独立的，而是存在一种能够探明的强乘数效应。例如，巴尔的摩内城投机的繁荣，会在已经存在的邻里中开发出一个新的次级市场，内城的原住民将被迫去郊区寻找住所。也就是说，内城中的投机者－开发商实现的阶级－垄断地租越多，城市边缘的投机者－开发商实现的阶级－垄断地租也就越多。在某些情形中，可能会有同一家金融机构或者企业家，在这种乘数效应中捕捉机会。如果在这种乘数效应中不存在明显的共谋，那么对利润和损失、收益和风险的计算，就成了乘数效应背后那只看不见的手的功能。

当然，这些结论在地理上和制度上是特别适用于巴尔的摩以及美国的。但从对已有文献的粗略梳理来看，这个结论或许能推广至所有的发达资本主义国家，[2] 尽管是否

---

[1] A. Giddens, *The Class Structure of the Advanced Societies* (London: Hutchinson, 1973); J. Rex and R. Moore, with the Assistance of A. Shuttlework and J. Williams, *Race, Community and Conflict: A Study of Sparkbrook* (London and New York: Oxford University Press, 1967).

[2] 关键在于，巴尔的摩市存在大量空置住房，从而与伦敦的情形形成鲜明的对比。伦敦的"绅士化"过程，同巴尔的摩市土地分期付款协议和 D2 项目下的投机比起来，更为明显地体现了阶级－垄断地租的实现过程。参见 P. Hall, et al., *The Containment of Urban England*, Vol. 2, Ch. 6; Milner–Holland Report, *Report of the Committee on Housing in Greater London*; R. E. Pahl, *Whose City? And Other Essays on Sociology and Planning* (London: Longman, 1970); Counter Information Services, *The Recurrent Crisis of London: CIS Anti-report on the Property Developers*; O. Marriott, *The Property Boom* (London: H. Hamilton, 1967).

如此还有待于进一步研究。虽然这种乘数效应的过程可能具有一般性，但由于不同地方的地理、文化和历史情形相差很大，这种效应可能有特殊的表现形式。换言之，过程本身具有一般性，但每一种具体情形都是独特的，其结果也是一样。如果阶级－垄断地租实现的乘数效应普遍存在，那么就可以在某种程度上解释，投资是怎样如列斐伏尔所说，随时间推移从初级循环进入次级循环的。若要将个人行为同国家层面及社会必需的条件加以协调和整合，则政府与金融机构就不得不这么做。都市化本身就是这种条件的产物，其人造岛屿为阶级－垄断地租的实现提供了机会。对阶级－垄断地租的要求又产生了乘数效应，使得进入土地、住房和房地产市场的投资，在短期内有更为丰厚的回报。资本从初级循环进入次级循环的这种转移，即投资由生产价值转为试图实现价值，尤其有助于解释 20 世纪 60 年代后期以来发达资本主义国家工业部门的停滞。在短期内榨取之前数十年生产积累的价值，使其在当前实现是可能的（不过，这也意味着城市中营建环境质量的持续衰败）。但从长期来看，如果不再有价值生产出来，这种转移将面临厄运，到那时，阶级－垄断地租又该如何实现？

## 五 都市主义的政治经济学：阶级体系、阶级结构与阶级利益

本文接下来考察都市化背景下的阶级利益概念，以及这一概念同阶级结构和阶级对抗这些一般性概念的关联。从一开始就区分主观阶级和客观阶级是很有用的，前者是指不同群体对其在社会结构中所处地位的意识，后者包括马克思图式中的生产者阶级和剥削剩余价值的阶级。[①] 生产者阶级既包括生产性劳动，又包括作为非生产性劳动的社会必要劳动。在本文中，阶级利益概念的含义源于一个事实：围绕着阶级－垄断地租的实现，存在着一系列冲突。因此，本文将在主观阶级的层次上予以考察，并将上述各阶级的利益与客观阶级的概念关联起来。

地租在传统上是资本主义生产者对食利者阶级的转移支付，食利者阶级获取地租的权力是一种封建残余。本文关注的是，地租是在社区的消费过程中榨取的，而不是在生产过程中榨取的。对地租的榨取使得社区中爆发了一系列冲突，这些冲突在发达资本主义国家都市化过程中颇为常见。至少在表面上，这种冲突不同于在价值的直接生产中爆发于工作场所的传统冲突。可以将此看作一种有趣的二分法。社区中的组织几乎不会支持工作场所中的冲突（如罢工），工作场所中的组织（如工会）也几乎不会主动支持社区群体围绕阶级－垄断地租的实现而爆发的冲突。事实上，个人的身份在这些冲突中可能会发生转换，一个工作场所中的激进派回到了居住的社区，可能就

---

① A. Giddens, *The Class Structure of the Advanced Societies*.

成了保守派，或者反过来。工作场所似乎是男性主导的空间，而居住空间似乎是女性主导的。性别角色的交织，使得在工作场所中表现激进的男性，在社区变得保守，女性在社区中则表现激进。类似冲突还可能内化于家庭中。在大都会地区，人类活动的地理学似乎催生出有趣的转型和反转，从而创造出主观阶级意识的复杂地理学。因此，不能把关于社区议题的阶级利益诉求简单地解释为生产场所中阶级利益的表现。

不论是在工作场所还是在社区，阶级利益都很强，诉求目标也类似。工人的诉求是自主控制生产，居民的诉求则是控制社区。从部分程度上说，这两个目标都满足了个人对自己在社会关系中存在的需要，但这两个目标在都市化中分离了。当社区和工作场所的利益相一致时（如矿区的社区和其他具有工业特征的情境，并非发达城市中的社会组织形式），政治权力存在的基础将会更牢固。马克思认为，人口的集中将提升阶级意识，但阶级意识在都市化中却碎片化了。

社区中的阶级利益从其自身来看，始终是狭隘的。社区被视作一个独立于其他事物的"自在之物"，一个维护和抵御外来威胁的绝对空间。由此看来，社区冲突采取了一种自相残杀的形式，它把不同社区对立起来，从而使得社区的总体状况无从改变。一个社区所得，就是另一个社区所失。这种连续不断的得与失，只能使与社区相关的防御力与竞争力不灭，由于投机者能够轻易地从社区中的冲突获利，这些防御力和竞争力确保了阶级－垄断地租的实现。以社区中狭隘的阶级利益作为社会主观阶级的象征，是不够充分的。因为它忽视了一个必要的事实：在劳动分工复杂性给定的情况下，社区的生存依赖于全球规模的商品交换；还忽视了社会中价值生产与价值循环之间的关联。

也有一些特定种类的阶级冲突造就了超越地方性的视野。例如，在巴尔的摩，被土地分期付款协议激怒的社区群体逐渐意识到，金融机构拒绝提供传统的抵押贷款基金，却又为投机者－开发商提供融资的做法，具有控制性的影响。他们在政治上开展了一系列的摸索，揭开上述"画皮"。最终，他们同具有主导权的金融资本正面相遇了。

有趣的是，有线索表明，工作场所中的冲突也引发了面对面的对抗。在某些部门，工人更多地参与管理活动，能在特定场合实现对生产的自我控制，工人与工业资本家的传统冲突状况得到改善。但工人在工厂中对生产的自我控制，使工人正面遭遇金融资本的权力，正是这种权力从外部控制着工业企业的活动。同样地，马克思认为，对土地与资源的国有化看上去有可能对资本家有利，因此将工业生产国有化，分散工人的自我控制，也有可能不会必然触及、削减金融资本的权力。因此，可以把工人控制看作金融资本实施控制前的过渡阶段。

从社区和工作场所可以得出结论，对社会中价值的生产及其实现予以组织的终极力量，系于金融资本。为支持这个结论，本文务必揭示资本主义的内部转型，即金融资本对工业生产和生活中其他方面施加霸权的紧迫性。本文提供了一些与内部转型逻辑有关的线索。如果没有货币，就不会有相互联系的商品生产，就没有精致的劳动分工，没有定价市场，没有交换价值的普遍化，没有资本积累的中介，也没有都市化，等等。货币起到了交换中介的作用，因而也在所有重要的社会关联中作为中介起作用。

马克思指出："交换的需要和产品向纯交换价值的转化，是同分工按同一程度发展的，也就是随着生产的社会性而发展的。但是，随着生产的社会性的增长，货币的权力也按同一程度增长，也就是说，交换关系固定为一种对生产者来说是外在的、不依赖于生产者的权力。最初作为促进生产的手段出现的东西，成了一种对生产者来说是异己的关系。生产者在什么程度上依赖于交换，看来，交换也在什么程度上不依赖于生产者，作为产品的产品和作为交换价值的产品之间的鸿沟也在什么程度上加深。货币没有造成这些对立和矛盾；而是这些矛盾和对立的发展造成了货币的似乎先验的权力。"[①]

自马克思生活的年代以来，这种"生产的社会性的发展"（复杂分工的发展）、资本主义社会关系的持续扩张，以及社会在世界范围内一体化程度的提高，极大地增加了"货币的似乎先验的权力"。要使这种权力得以实施，须有一个机构性的组织框架，以及一个愿意并能够使用这种权力的阶级。对于前者，马克思提供了线索。他认为，股份公司是对竞争资本主义内在不稳定性的机构性回应，这种不稳定性要求资本集中起来，首先是工业资本，其次是金融资本。这种新的制度安排，导致"实际执行职能的资本家转化为单纯的经理，别人的资本的管理人，而资本所有者则转化为单纯的所有者，单纯的货币资本家"[②]。结果，作为资本所有权报酬获得的利息为利润所取代，"这个资本所有权这样一来现在就同现实再生产过程中的职能完全分离"[③]。

马克思把这一切看作生产方式过渡的产物，其中，新的组织机构会使生产的社会性得以发展。"这是资本主义生产方式在资本主义生产方式本身范围内的扬弃，因而是一个自行扬弃的矛盾，这个矛盾明显地表现为通向一种新的生产形式的单纯过渡点……它在一定部门中造成了垄断，因而引起国家的干涉。它再生产出了一种新的金

---

① 《马克思恩格斯全集》第三十卷，人民出版社，1995，第95～96页。
② 《马克思恩格斯全集》第四十六卷，第495页。
③ 《马克思恩格斯全集》第四十六卷，第495页。

融贵族，一种新的寄生虫，——发起人、创业人和徒有其名的董事……这是一种没有私有财产控制的私人生产。"[1]

马克思并没有详尽解释自己的这些论述，而历史则将其展开了。工业公司曾试图在内部设立基金，以保持相对于金融机构的独立性，但这使得它们自身变得多样化，从而呈现出金融机构的诸多特征。如今，国际电话电报公司几乎成为一家纯粹的金融控股公司，通用公司也正朝这一方向发展。金融机构的经济权力与工业公司平起平坐，乃至超过了它。[2] 国家的权力大幅增长，并且借助其专有的预算、财政与货币政策，支持金融资本的运行。国家还积极参与对生产和消费的管理。[3] 在国家、公司与金融机构中运营的金融资本，有效地协调各种社会活动，将它们整合为一体。过去以物品的直接生产为基础的工业资本主义，已经进化为资本主义的金融形式，它不仅通过物品的生产，而且借由创造新的生产方式和新的社会欲望及需要，追求价值的生产和占有。[4] 这种新的制度安排都是以货币权力为基础的，货币只是财富的外观而非其实质内容。这样，就又回到了马克思的观点——金融资本主义的矛盾特征及其作为过渡形式的历史必要性。

金融机构可以利用各种技术实现积累。就竞争而言，它们时常以相互剥夺的方式实现积累（通过收购、资产拆分，等等）。但在总体上，金融资本的积累源自直接生产过程（工作场所中的剥削），也源自创造新的生产方式和新的社会欲望及需要（它们都导致社区中的剥削）。当金融资本设法管理和控制生产过程的总体性时，究竟采取什么样的积累方式就变得无关紧要了，无论是通过在直接生产过程中压低工资，还是通过操纵消费领域（从养老金到本文探讨的各自积累方式）。

本文第三、第四部分已经提到，都市化将催生新的生产方式和新的社会欲望及需要。投机者－土地所有者和投机者－开发商，对都市化的推动起了关键作用，从而对维持有效需求起了同样的作用，而一个促使阶级－垄断地租得以实现的次级市场结构，则为刺激这种作用的发挥提供了动力。与此同时，只要发现存在对土地和房地产的需求，从这种机会中实现阶级－垄断地租的潜能，即为资本的迅速积累提供了可能性。一旦工业方面的需求衰减，利润下降，金融机构就会进入土地和房地产市场，以寻求补偿（例如，国际电话电报公司从佛罗里达的房地产繁荣中挣到数百万美元）。但是，

---

[1] 《马克思恩格斯全集》第四十六卷，第 497 页。

[2] United States House of Representatives, Committee on Banking (Staff Report), Trust Banking in the United States (The Wright – Patman Report), Washington, D. C. , 1968; United States House of Representatives, Judiciary Committee (Staff Report), Report on Conglomerates, Washington, D. C. , 1971; E. Herman, "Do Bankers Control Corporations?" *Monthly Review* 25 (2), 1973, pp. 12 – 29.

[3] R. Miliband, *The State in Capitalist Society* (London: The Merlin Press, 1969).

[4] 参见《马克思恩格斯全集》第三十卷，第三章"资本章"。

许多社区都在抵抗这种力图控制它们生存状况的外来力量。因此，社区中的冲突成为发达城市社会的典型特征。这一分析意味着，社区中的冲突与工作场所的冲突具有某种一致性，可能会为发达国家都市化中客观阶级的界定提供线索。如果仍然根据剩余价值的生产和占有来界定客观阶级，时至今日，就应当从总体出发看待生产（包括创造新的消费方式和新的社会欲望及需要），而不是仍然把生产等同于直接生产过程，以此界定生产者和剩余价值占有者的划分。马克思的剩余价值理论是建立在分析直接生产过程基础上的（假定消费方式、社会欲望和需要不变）。[①] 而在创造新的消费方式和强加的新的社会欲望及需要的过程中，也产生了剥削，至于是否一定要以剩余价值概念解释剥削，有待商榷（本文倾向于将剩余价值理论嵌入剥削的一般理论中去）。但我们或可这样分析，金融资本对社会的生产、价值的循环及实现之总体日益增长的霸权，导致工作场所冲突和社区冲突的对分，同时又表现出二者的统一性。

本文第四部分提到的一种可能性，增强了这一分析。即上述都市化过程所催生的特定的"分配群体"或"消费阶级"，它们反过来又界定了在住房次级市场中的社区特征。劳动力的生产和再生产同样发生在社区中。[②] 资本主义社会关系再生产的必备条件是人口的再生产。从就业机会和工资制的角度来看，人口的再生产最终破碎化为各个主观阶级，在一路扩张的资本主义社会的总体结构中，各有特定的社会角色，获得特定的技能，占据特定的职业岗位。在这里，"消费阶级"或"分配群体"的结构，可能与分层的劳动力本身的生产有关。在都市中的各个地区获得教育、社会地位、社会服务等的机会是千差万别的（吉登斯称之为"市场能力"）。尽管个体的流动性可观，资本主义条件下劳动者社会关系的再生产仍受制于次级市场的结构，不同的分配群体就包含在这种结构之中，它们在都市体系中取得市场能力，分得数量不等的资源。[③] 各个社区在社会关系中的差异化，使得社会关系更为稳定，并自我复制。因此，可以从生产过程的总体性出发，界定客观阶级。其中，生产的总体性包括：①价值的直接生产；②新消费方式的生产；③新的社会欲望和需要的生产；④劳动力的生产和再生产；⑤资本主义生产关系的生产和再生产。

## 六　结论：金融资本与都市革命

现在回到列斐伏尔的根本命题。本文可以为工业社会让位于都市社会的"整体转

---

① 参见《马克思恩格斯全集》第三十卷，第三章"资本章"。

② A. Giddens, *The Class Structure of the Advanced Societies*; W. Bunge, *The Point of Reproduction* (Unpublished), the Department of Geography, York University, Ontario, Canada, 1973.

③ D. Harvey, *Social Justice and the City*, Ch. 2.

型"提供一个综合性的内在逻辑。在资本主义发展的先期，特殊形式的生产（工业生产的组织）是主要的关注对象。可以预见，在晚期资本主义，各方面的生产都更为重要。工业资本家擅长直接生产过程，但未能控制生产的总体，在发达资本主义社会中，金融资本（在工业的、金融的与政府的机构中运营）以霸权力量的形式出现了。原本表现为工业资本家对生产需要的城市主义，也转变成由国家权力支持的金融资本控制生产过程总体的行为。都市化作为一种消费模式和新的社会欲望及需要的生产者，其重要性由此得以凸显。相应地，都市的领地变成了控制资本主义社会关系再生产的场所。不过，客观阶级利益的新定义，仍然体现在工作场所的冲突和社区的冲突中。在社区中，这种冲突体现在新消费模式、新的社会欲望及需要的生产之中，体现在资本主义劳动力的生产和再生产，以及资本主义社会关系的生产和再生产中。金融资本是对工业形式的竞争资本主义内在矛盾的回应，它本身也是不稳定的，被矛盾发展的趋势所困扰。它不可避免地把货币看作一种"自在之物"，从而在追求财富的形式而非实质的过程中，持续冲击价值的生产过程。货币这一异化但"先验"的权力，以及创造出来为金融资本运营提供便利的制度安排，并没有同价值的生产绑定在一起。因此，可以认为，投资向资本的次级循环的转移，是以牺牲资本生产性的初级循环为代价的。事实上，这种实现价值却不生产价值的恒久趋势，金融形式的资本主义正是其矛盾所在的核心。在发达资本主义国家的都市地景中，这种矛盾的表现形式更为明显。

列斐伏尔所说的整体转型，比他想象的要复杂得多。阐述发达资本主义国家的整体转型过程，确实超出了我们的能力所及。但这种复杂性不应成为借口，掩饰我们对发达资本主义国家都市化过程、经济增长、资本积累以及社会阶级结构之间联系的研究不足。来自第三世界的文献对这类关系的处理尤为清晰，颇为吊诡地凸显了我们在思维上的差距。因此，不如说我们陷入了这样一种幻觉：以为我们既是"发达"的，又已经实现了"都市化"，所以也就没有必要考察这些重要的关系了。于是，我们的研究就停留在现在的状态，而且这种状态把我们困在了里面。把这些关系描述清楚，是一个紧迫的任务，本文只是开了个头。

本文附件：

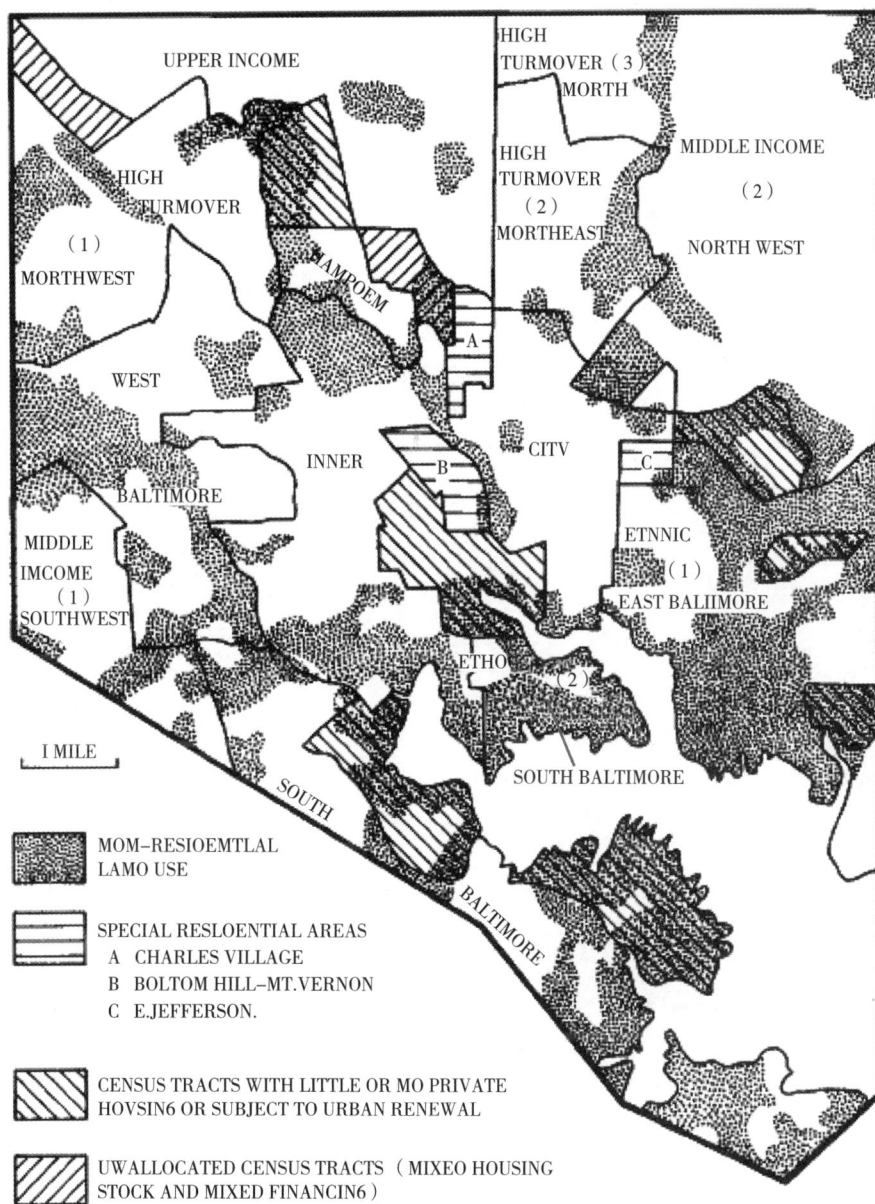

**图 1  20 世纪 60 年代巴尔的摩市住房次级市场示意图**

说明：图中译名对照：Inner City——内城；East Baltimore——巴尔的摩东部；West Baltimore——巴尔的摩西部；South Baltimore——巴尔的摩南部；Upper Income——高收入者居住区；Middle Income——中等收入者居住区；Ethnic——少数族裔居住区；High Turnover——高周转地区；North——巴尔的摩北部；North East——巴尔的摩东北部；North West——巴尔的摩西北部；Non——Residential Land Use——非居住土地利用；Special Residential Areas——特殊居住区；Census Tracts with Little or No Private Housing or Subject to Urban Renewal——调查发现私有住房和都市更新较少乃至没有；Unallocated Census Tracts（Mixed Housing Stock and Mixed Financing）——未分配的调查地带（住房存量和融资方式呈混合状态）。

### 表 1　巴尔的摩市住房次级市场（1970 年）

| 次级市场名称 | 住房销售总量 | 每百套住房中售出数量 | 用于交易的各项资金来源占比（%） | | | | | | | | 受担保的销售量百分比（%） | | 销售均价（美元）² |
|---|---|---|---|---|---|---|---|---|---|---|---|---|---|
| | | | 现金借贷 | 私人借贷 | 联邦储蓄贷款协会 | 州储蓄贷款协会 | 抵押银行 | 社区银行 | 储蓄银行 | 其他¹ | 联邦住房管理局 | 退伍军人管理局 | |
| 内城 | 1199 | 1.86 | 65.7 | 15.0 | 3.0 | 12.0 | 2.2 | 0.5 | 0.2 | 1.7 | 2.9 | 1.1 | 3498 |
| 其中：内城东部 | 646 | 2.33 | 64.7 | 15.0 | 2.2 | 14.3 | 2.2 | 0.5 | 0.1 | 1.2 | 3.4 | 1.4 | 3437 |
| 内城西部 | 553 | 1.51 | 67.0 | 15.1 | 4.0 | 9.2 | 2.3 | 0.4 | 0.4 | 2.2 | 2.3 | 0.6 | 3568 |
| 少数族裔居住区 | 760 | 3.34 | 39.9 | 5.5 | 6.1 | 43.2 | 2.0 | 0.8 | 0.9 | 2.2 | 2.6 | 0.7 | 6372 |
| 其中：巴尔的摩东部 | 579 | 3.40 | 39.7 | 4.8 | 5.5 | 43.7 | 2.4 | 1.0 | 1.2 | 2.2 | 3.2 | 0.7 | 6769 |
| 巴尔的摩南部 | 181 | 3.20 | 40.3 | 7.7 | 7.7 | 41.4 | 0.6 | — | — | 2.2 | 0.6 | 0.6 | 5102 |
| 汉普顿地区 | 99 | 2.40 | 40.4 | 8.1 | 18.2 | 26.3 | 4.0 | — | 3.0 | — | 14.1 | 2.0 | 7059 |
| 巴尔的摩西部 | 497 | 2.32 | 30.6 | 12.5 | 12.1 | 11.7 | 22.3 | 1.6 | 3.1 | 6.0 | 25.8 | 4.2 | 8664 |
| 巴尔的摩南部 | 322 | 3.16 | 28.3 | 7.4 | 22.7 | 13.4 | 13.4 | 1.9 | 4.0 | 9.0 | 22.7 | 10.6 | 8751 |
| 高周转地区 | 2072 | 5.28 | 19.1 | 6.1 | 13.6 | 14.9 | 32.8 | 1.2 | 5.7 | 6.2 | 38.2 | 9.5 | 992 |
| 其中：西北部 | 1071 | 5.42 | 20.0 | 7.2 | 9.7 | 13.8 | 40.9 | 1.1 | 2.9 | 4.5 | 46.8 | 7.4 | 9312 |
| 东北部 | 693 | 5.07 | 20.6 | 6.4 | 14.4 | 16.5 | 29.0 | 1.4 | 5.9 | 5.9 | 34.5 | 10.2 | 9779 |
| 北部 | 308 | 5.35 | 12.7 | 1.4 | 25.3 | 18.1 | 13.3 | 0.7 | 15.9 | 12.7 | 31.5 | 15.5 | 12330 |
| 中等收入者居住区 | 1077 | 3.15 | 20.8 | 4.4 | 29.8 | 17.0 | 8.6 | 1.9 | 8.7 | 9.0 | 17.7 | 11.1 | 12760 |
| 其中：西南部 | 212 | 3.46 | 17.0 | 6.6 | 29.2 | 8.5 | 15.1 | 1.0 | 10.8 | 11.7 | 30.2 | 17.0 | 12848 |
| 东北部 | 865 | 3.09 | 21.7 | 3.8 | 30.0 | 19.2 | 7.0 | 2.0 | 8.2 | 8.2 | 14.7 | 9.7 | 12751 |
| 高收入者居住区 | 361 | 3.84 | 19.4 | 6.9 | 23.5 | 10.5 | 8.6 | 7.2 | 21.1 | 2.8 | 11.9 | 3.6 | 27413 |

注：¹ 假定这一项具有抵押性质，并从属于抵押项。

² 在某些情况下，地租包含在售价之中，从而扭曲了平均价格。不过，次级市场之间相对差异的次序是正确的。

资料来源：城市规划部表格，摘自 City Planning Department Tabulations from Lusk Reports（南加州大学拉斯克房地产中心报告）。

### 表 2　巴尔的摩市住房次级市场（统计数据）

| 次级市场名称 | 收入的中位数[1]（美元） | 黑人住房单元占比（%） | 自住住房单元占比（%） | 自有住房价值均值（%） | 租赁住房单元占比（%） | 月租均值（美元） |
|---|---|---|---|---|---|---|
| 内城 | 6259 | 72.2 | 28.5 | 6259 | 71.5 | 77.5 |
| 其中：内城东部 | 6201 | 65.1 | 29.3 | 6380 | 70.7 | 75.2 |
| 其中：内城西部 | 6297 | 76.9 | 27.9 | 6963 | 72.1 | 78.9 |
| 少数族裔居住区 | 8822 | 1.0 | 66.0 | 8005 | 34.0 | 76.8 |
| 其中：巴尔的摩东部 | 8836 | 1.2 | 66.3 | 8368 | 33.7 | 78.7 |
| 其中：巴尔的摩南部 | 8785 | 0.2 | 64.7 | 6504 | 35.3 | 69.6 |
| 汉普顿地区 | 8730 | 0.3 | 58.8 | 7860 | 41.2 | 76.8 |
| 巴尔的摩西部 | 9566 | 84.1 | 50.0 | 13842 | 50.0 | 103.7 |
| 巴尔的摩南部 | 8941 | 0.1 | 56.9 | 9741 | 43.1 | 82.0 |
| 高周转地区 | 10413 | 34.3 | 53.5 | 11886 | 46.5 | 113.8 |
| 其中：西北部 | 9483 | 55.4 | 49.3 | 11867 | 50.7 | 110.6 |
| 其中：东北部 | 10753 | 30.4 | 58.5 | 11533 | 41.5 | 111.5 |
| 其中：北部 | 11510 | 1.3 | 49.0 | 12726 | 51.0 | 125.1 |
| 中等收入者居住区 | 10639 | 2.8 | 62.6 | 13221 | 37.5 | 104.1 |
| 其中：西南部 | 10655 | 4.4 | 48.8 | 13470 | 51.2 | 108.1 |
| 其中：东北部 | 10634 | 2.3 | 66.2 | 13174 | 33.8 | 103.0 |
| 高收入者居住区 | 17577 | 1.7 | 50.8 | 27097 | 49.2 | 141.4 |

[1] 收入中位数得自次级市场调查中的加权平均值。

资料来源：1970 年开展的调查。

# 生产与金融<sup>*</sup>

哈里·马格多夫　　保罗·斯威齐

张雪琴　译

孟　捷　校

康奈尔大学经济学教授阿尔弗雷德·卡恩（Alfred E. Kahn）——或许因作为吉米·卡特的"通货膨胀斗士"而著称——在评论一册关于美国经济问题的新书时，[①] 最为简练而清楚地表述了为正统经济学视作理所当然，却未曾表达的一个重要原则。他写道：

> 与流行假定相反的是，围绕证券、房地产以及商品的投机，以及现有公司的并购，并不会浪费掉可用于生产性投资的资本。他们所做的一切只不过是将美元从购买者手里转移到出售者手里。该书作者认为，如果资金用于购买新工厂和设备，其结果将是足以令人满意的经济增长率。这在经济学上是无稽之谈。根据上述推理，在刚过去的十月份，单是纽约股票交易所里用于购买股票的 660 亿美元，就可以使我们对新的工厂和设备的购买增长三倍以上。这当然是完全不可能的。重要之点在于，这些只不过是现有资产的买卖而已，完全不会使用实际资源（当然从事这些交易所花费的时间除外）。（《纽约时报》，周日书评栏目，1982 年 12 月 12 日）

这些话究竟是对是错呢？答案是部分是对的，部分是错的，而其导向的结论则是虚假的。对卡恩的话试做一番修正，我们便可得出完全相反的结论：

根据流行假定，围绕证券、房地产和商品的投机，以及现有公司的并购，吸收了原本可用于生产性投资的货币资本。如果不是将钱从购买者手里转移到出售者手里，他们本来可以购买新的机器和设备，从而有助于经济实现令人满意的增长。这是经济学常识。根据上述说法，在纽交所用于购买股票的 660 亿美元本来可以用来购买更多的工厂和设备。由于有超过 10% 的失业率以及超过 30% 以上的生产能力闲置，因此这

---

\* 本文最初发表于 *Monthly Review*, May 1983，后收录于 Harry Magdoff and Paul Sweezy, *Stagnation and the Financial Explosion* (Monthly Review Press, 1987).

① 此书为巴里·布鲁斯通（Barry Bluestone）和班纳特·哈里森（Bennett Harrison）合著，书名为《去工业化的美国：工厂歇业、社区蜕化与基础工业的瓦解》，1982。

一做法是完全可能的。问题的关键是现有资产的买卖虽然不需要使用实际资源（当然从事这些交易所花费的时间除外），但确实为原本可以转化为实际资本的货币资本提供了用武之地。

正统经济学家将（或可能）如何看待这一问题呢？我们是不确定的，因为他们很少这样提出问题。对他们而言，用于购买现有资产的货币不是资本；而仅仅是不影响生产过程的货币流通而已。这是以一种非常古老的方式在看待经济，即将经济划分为两个领域：实体领域和货币领域，而后者被看作掩盖实体经济过程的帷幕。如果某些活动被证明只与货币领域相关（比如现有资产的购买与出售），它们便会因为不会对实体领域产生任何影响而被排除。

这一进路的错误在于，实体领域与货币领域事实上并未截然分开：在发达资本主义经济内，所有交易事实上都是以货币形式完成的，并且需要用现金或者信用货币的实际金额作为交换媒介。其中有些交换是在生产过程中产生的（比如工资的支付、来自利润的收入分配、生产资料以及消费品的购买），同时有些交换则是在金融交易所产生的（比如借贷行为、现有资产的购买与出售等）。这里适当的分析方法不是分割为实体领域与货币领域（所有领域都既是实体的又是货币的），而是分为生产部门和金融部门，从而人们可以合理地区分经济体的生产性基础与其金融上层建筑（注意此处不应与说明历史唯物主义理论的经济基础与上层建筑的理论相混淆）之间的区别。

在资本主义发展早期——在美国大约是内战之前——这时大部分生产是在竞争性的个人企业或者合伙制企业里面进行，对金融上层建筑相对而言是无关紧要的，并且从分析的角度几乎可以被完全忽略。那时经济学家通过区分实体领域与货币领域以作为比较实体经济运行方式与假定的物物交换经济运行方式的方法。货币被认为是对自然物物交换经济施加影响的工具，货币成为诸如通货膨胀、生产过剩、恐慌，以及随后的经济周期等各种价格（不同于价值）现象的来源。

到 19 世纪末，随着作为商业企业标准形式的公司的扩张，资本主义经济结构经历了一个质的转变。各种类型和数量的公司证券的发行导致有组织的股票和债券市场、证券交易所、新形式的银行以及一种被凡勃伦称作能够迅速跃升至资本主义财富和权力等级之巅的金融舵手的群体的出现。

在 20 世纪，相对于生产性领域而言，金融部门不论是从绝对量上还是从相对量上都在快速增长。尤其是在战后长期繁荣阶段，伴随着投机活动的日益频繁，出现了名副其实的各种新型金融机构和金融工具大量增加的现象。

对此学者们并没有深入研究，正统经济学家几乎不怎么关注资本主义经济的不断转变。可以肯定的是，不完全竞争或垄断竞争的新理论在 20 世纪 30 年代对大规模生产单位有所研究，但是这一研究显然是理论远远落后于现实的。而且即使这些研究也是以单个企业或者产业作为研究中心，但没有将它们置于整体经济环境中予以分析。此外，公司金融与银行领域的发展被归至应用经济学门下，它们与经济学理论（即"新古典综合理论"）的核心部分联系松散且不明确。而新古典综合理论除了许多得到精美表述的改良以外，基本上与阿尔弗雷德·马歇尔自 1890 年出版其第一版《经济学原理》以来完全一致。确实，凯恩斯的工作（《货币论》，1930；《就业、利息和货币通论》，1936）与这些一般性理论不同。凯恩斯没有采用实体领域/货币领域的二分法，并且他明确认识到生产部门和金融部门的区别（尤其是在《货币论》第十五章"产业循环和金融循环"中）。不过，凯恩斯并没有坚持自己的想法，并且他也没有将这两个领域作为一个整体来对经济进行概念化处理，从而也没有准备好从历史和逻辑的角度来分析它们之间的相互关系。从这些方面来看，正统经济学随后的发展实际上是从凯恩斯在 20 世纪 30 年代已经开辟的道路上倒退了。

需要理解的是当代复杂的经济现象，即越来越多的货币资本（即投资货币以赚取更多的货币）并非直接转化为从对劳动力的生产性使用上攫取剩余价值的生产性资本。相反，货币资本被用于购买生息的或者可分红的金融工具。正统经济学不言自明的公理认为：股票或者债券等金融工具的卖者本身是产业资本家，他们将用这笔进款扩张其实体资本，并以利息或者分红的形式将所增加的剩余价值的一部分转移给买者。随着这一过程发生得越来越频繁，货币资本家成为产业资本家的合作伙伴。

然而时至今日，这一切与现实格格不入了，有各种金融工具——股票和债券、存款单、货币市场基金、各种资产名目、期权买卖、期货合约，等等——可以供货币资本家选择。不存在以下假定——更不必说保证了：投资于此类金融工具的货币资本会直接或者间接地有助于实际资本的形成。这些资本通常仍然在金融部门内部保持货币资本循环的形式，推动金融市场的发展，使得金融部门有了自己的生命。[1]

在现有知识水平下，不可能对金融部门有一个精准的定义或者描述，这或许永远也不可能。[2] 但是金融部门无论在绝对量上还是在相对量上都在不断增加的事实对

---

[1] 马克思产业资本投资过程的公式为 $M$——$C$——$M'$，即货币购买商品（生产资料和劳动力），生产出具有更多价值的商品，再将其出售，换回比先前付出的货币更多的货币。货币资本的循环可以表示为 $M$——$M'$，即在没有生产过程介入的情况下，货币产生了更多的货币。马克思恰当地将此称为资本拥有了其"最表面、最富有拜物教性质的形式"。（见《马克思恩格斯全集》第二十五卷，人民出版社，1974，第 440 页。）

[2] 困难很大程度上来源于这一事实，即公开宣称自己的"非金融性"的绝大部分大型公司，事实上或多或少都参与了诸如证券买卖，以及其他现有资产的买卖，或者借款、贷款等金融操作。他们通过生产或者金融操作掌握大笔资金，这些资金超过了他们分给其股东以及贷款方的部分。制定这些资金的投资决策依赖于利润率、安全性、流动性等标准，这意味着他们通常将投资于金融部门而非生产性资产（Productive Assets）领域。换句话说，他们既是货币资本家又是产业资本家。

于任何经济观察者而言都是一目了然的，并且这些观察一般可以从以下述数据获得支撑。

（1）根据摩根担保信托公司前副主席和首席经济学家盖·诺伊斯（Guy E. Noeys）（《摩根担保信托调查报告》，1981 年 10 月）分析，在 1980 年年底借记活期存款（即活期存款支票）有近 68 万亿美元，而国民生产总值仅为 2.7 万亿美元。因此，只有 4% 的支付涉及组成物品和劳务的国民生产总值的交易。"很大数额的交易，不算在 4% 之内"，诺伊斯解释道，"这涉及物品和劳务购买的中介——与国民生产总值（GNP）衡量最终产品购买相反。然而，金融支付额所代表的数量远远超过借记活期存款支票的总额。"这并不意味着大部分货币积累来源于金融部门（Financial Sector），但是这确实意味着经济体中大部分的货币流动（在给定时间内一定数量货币的平均周转次数）发生在金融部门。由于金融部门资金周转率高，少量的货币就可以维持高额的支付。当然，金融部门确实也吸收了大量的货币。从而，生产部门和金融部门利润率的相对变化会使得货币迅速从一个领域流向另一个领域，从而对于整个经济系统的运行产生重大影响。

（2）1950 年分红和利息占个人收入总额的 8.1%。到 1982 年，这一比例增至 17.1%，增长率超过 110 个百分点（《总统经济报告》，1983，pp. 188 - 189）。红利和利息增长的主要原因在于利息率的急剧增加。但是这本身是金融上层建筑膨胀的产物，金融上层建筑膨胀使得信用扩张至极限，甚至超越了合理的金融界限。

（3）1945 ~ 1954 年，金融公司税前利润占所有公司总利润的 10.9%。这一比例在 1975 ~ 1981 年升至 15.7%，增加了 44 个百分点（美国国民收入与产品账户，1929 ~ 1976，pp. 283 - 284，以及《当代商业调查报告》，1982 年 6 月，p. 92）。如果能够计算所谓非金融公司里面的金融交易数额，那么金融份额的增加可能会更大。

（4）"金融、保险和房地产"的就业量从 1970 年的 360 万人增至 1982 年的 540 万人，增加了 50%，同期总就业量增长了 26%。换句话说，金融部门的就业增长率是整体经济就业增长率的两倍左右（《总统经济报告》，1983，p. 205）。

如上所述仅仅只是美国经济长期运转状况的表现而已；这些现象本身并不能告诉我们经济由生产向金融转化后整个系统的运行效果。对此，我们必须弄清楚这两个领域——生产部门和金融部门——究竟是如何相互作用的。

我们发现解决上述问题的最有效方法，是将重点集中在探讨生产以及在垄断资本主义条件下社会剩余产品的利用问题上。任何社会生存和再生产的基本问题，都是为人类提供消费品，并更新生产资料，以及在情况许可的条件下扩大生产。在原始社会，满足人们生存之外的剩余品很少，因此其增长缓慢，甚至根本不存在增长。随着文明的进步，劳动生产率得到提高，剩余（即超过了维持现有劳动人口之外的部分）也在增加，工人之外的新阶级（如地主、教士、政府官僚）得以产生，并且更快的增长也成为可能。当然，就整个人类历史的绝大部分时间而言，剩余是相当小的，并且在面临极端自然条件、战争、瘟疫时有可能被消耗殆尽。这就是为什么人类历史在相当长时期内进展相当缓慢以及为什么某些璀璨的文明最终消亡了。

资本主义的到来为历史进程注入了新的动力，劳动生产率得以快速提高。正如马克思和恩格斯在《共产党宣言》中指出的，"资产阶级在它的不到一百年的阶级统治中所创造的生产力，比过去一切世代创造的全部生产力还要多，还要大"。剩余产品飞速增加。发达资本主义国家在 19 世纪大部分时间里，日益增加的剩余被用于扩大生产基础，余下的部分则用于满足非工人阶级人数的增长和生活水平的提高。然而，最后，这些传统的利用剩余的方式被证明越来越不足以维持资本主义机构以满负荷或者接近满负荷的生产能力运转。以新的科学为基础的技术和不断改良的劳动过程组织形式被证明是——用凡勃伦的口头禅来讲——"过度"生产性的。一个结果是，正如凡勃伦在 1904 年的开创性研究中所提到的，经济将减速并且会低于满负荷生产能力而运转。①凡勃伦指出，针对这一情形的解决办法可以从"产品的非生产性消费的增加"来找到，但是他对这一效果并不乐观：

> 但是要使浪费性支出达到足以抵消现代工业剩余生产力的程度，这一点几乎是绝对做不到的。出于私人方面对商品和劳务的浪费，是不会接近于企业局势所需要的那个程度的。毫无疑问，私人方面的浪费是巨大的，但导向蓄积财富和精明投资的企业原则在现代人类习惯上根深蒂固，因此资金积累的速度不容许有过甚的降低。对行之有效的浪费要作比较有力的进行是办得到的，有些文明国家的政府已经在这样做。就关系到这里所讨论的问题而言，诸如军备、公用大建筑、宫廷方面、外交方面的编制等等，差不多完全是浪费性质的。这些支出还有另外一个优点是，体现着这类浪费的公债券，在私人储蓄方面是一种有吸引力的投资证券，同时……这是一种纯粹虚假性的蓄积，因此并没有降低利润或价格的作用……但是在这方面的公家的物质浪费近来虽已达到了非常程度，如果要借以抵

---

① 可以有理由说……在过去二十年间，工业企业处于温和的，但是长期的萧条状态已成为正常现象……这个所谓的"普遍繁荣"时期，追究其起源总是在于工业企业本身操作以外的特殊原因。见 Thorstein Veblen, *The Theory of Business Enterprise*（Cosimo, Inc., 2005），p. 90，p. 120；老马格多夫和斯威齐在注释中注明其引证的英文版页码为：p. 184，p. 251，由于未注明其版本，译者根据老马格多夫和斯威齐提供的英文注释，查阅了凡勃伦《企业论》目前更为常用的一个英文版本，即 Cosimo 版本，同时参考蔡受百的译作对个别地方进行了重译，参阅凡勃伦《企业论》，蔡受百译，商务印书馆，2012，p. 121，p. 164。——译者注。

消机器工业的剩余生产力，显然还是不够的，加以这种生产力是在现代企业组织的极大便利下获得支持的，从而使积累掌握在比较少数人的手里，这就使这种不够的情况更加显著。①

凡勃伦作为最早且最有洞察力的金融观察家之一，本来可能继续列举下去，把金融部门的增长也作为对现代产业的"剩余生产力"起抵消作用的追加因素。他没有这么做的原因可能是，在 20 世纪初期他写作《企业论》时，从纯粹定量的角度上讲，金融部门的规模仍然较小。但有趣的是，巴兰和斯威齐在《垄断资本》（1966）中，仍未将金融视作与销售努力和政府支出等同的吸收剩余的主要因素。相比于凡勃伦，他们应该对此疏忽负有更大的责任。总之，现在已完全没有任何理由可以继续忽视金融这一角色了，毕竟在 20 世纪六七十年代，金融部门发生了巨大的变化。

如果资本主义经济以教科书假定的模型运作，那么金融部门的发展显然毫无基础。所有的收入都被生产性企业以工资、薪水、股息、利息与租金的形式支付；而所有的收入都被用于购买消费品，或者被用于扩大生产基础的生产资料。储蓄将被直接用于投资或者以利息的形式贷款给生产性企业，而信用将被限制在促进商品交换以及实现对资金的有效利用这一温和的方面。

随着公司制的来临，所有这一切都逐渐发生了改变。公司制的初衷在于允许许多投资者共同组建公司，而这些投资者不会面临损失其全部财产的风险。公司制通常被认为是一种扩大的合伙制，其中每个参与人都拥有一部分生产性资产。但事实上并非如此。公司作为一个法人拥有实际资产，而每一个参与人只拥有相应份额的股票——由法律赋予特殊权利的纸面票据（以投票决定董事，获取股息，以及在公司清偿时获得一定比例的资产份额等）。拥有实际资产和拥有法律赋予的特殊权利之间的区别似乎不重要，但实际上并非如此。这实际上是将经济区分为生产性领域和金融部门的根源。

公司当然可以全部或者部分出卖其资产，然而股东只能出卖其股份。在有组织的市场缺失的情形下，正如许多早期的公司股东所发现的那样，这是不容易办到的。但是甚至在公司制出现之前，有组织的证券市场就已经存在，最主要的是政府债券，其次是银行和保险公司的股票。随着 19 世纪末新型证券公司的发展，经销商和经纪人——如 J. P. 摩根在内战期间作为对北方政府的资助者而获得其第一桶金——热切希望拓展他们的活动范围以囊括各种金融衍生品。

---

① 此处采用的中文翻译参见凡勃伦《企业论》，蔡受百译，商务印书馆，2012，第 167～168 页。——译者注。

正是通过这种方式公司证券获得了流动性——可立即兑换为现金——而这是受制于其自然属性的公司实物资产所不可能获得的。一旦这一阶段达到,就为金融工具的增值打开了门路,同时也至少从字面上证明市场是没有限制的。这一发展过程中关键性的一步是国家立法机关以及法院对公司不仅有权利发行证券而且能够拥有其他公司证券的相关规定。控股公司正是由此产生,其目的在于拥有其他公司的证券。基于这样的可能性,随着公司证券总量和规模的一步步增加,即使不增加位于金字塔底部的潜在生产能力,某些公司从理论上讲也是可以居于其他公司之上的。

金融部门一旦建立在一个坚实且独立的基础之上,就会不断扩大其规模和影响力。本文无法详述金融部门内部实现这一切的具体方式。在信用的基础上买卖证券,期权和期货市场的发展,各种专门的金融中介机构的增加,企业合并和收购的涌现等——所有这些都是一个过程的组成部分,它最终导致了巨大的金融部门,在今天的经济图景里是如此庞大。

那么,生产性部门和金融部门之间的相互关系具有何种性质呢?显而易见,金融部门本身并不生产具有显著的使用价值的东西。相反,金融部门确实耗费了很多的实际资源:这一部门雇用的近540万人的消费量几乎与其他所有部门的雇员的消费量持平甚至还要多些;银行似乎与其他行业相比需要更为美观的建筑;高科技产业(电脑、通信设备等)的很大一部分也都流向了金融部门。用以上引证的凡勃伦的术语可以将此表述为:金融部门显然对吸收现代产业的剩余生产力起到了作用。但是,对消费品和生产资料产生直接需求的金融部门显然也没有在这方面做出多么重大的贡献。近年来,尤其是过去九个月,已经显示出金融部门日趋繁荣而生产部门却不断趋于停滞的状态。① 当这发生时,金融部门对生产性部门的积极影响并不限于金融部门就业和利润的增加所创造的对生产性部门的需求的增加。这里也有一个间接性的影响,即整个经济中和企业的金融资产在增加。3月的《摩根担保信托调查报告》估计:"消费者所持有的股票、债券以及流动性资产的价值比1982年下半年增加了5000亿美元",很明显这是金融部门活动的结果。这对于消费需求会产生一些刺激效应,尽管在目前经济形势下,这显得相对缓慢些。

未来前景将会如何?金融部门的繁荣与生产部门的停滞这一看似矛盾的共存现象是否还会继续存在下去?可以肯定地说,就长期而言,答案是否定的。但是这样说没有多大用处,因为没有人能够根据长期情况对不远的将来进行决策。

---

① 在1982年和1983年2月间,纽约股票交易所综合指数上涨了35.7%,而工业生产和非金融部门的利润都在下滑。

在生产性部门，伴随需求停滞和近三分之一的产能闲置，企业必须削减成本（尤其是通过解雇工人和削减工资），并将投资限制在无法避免的设备维修和更新上——而这会导致进一步的停滞。金融部门的情况则完全相反。金融部门存在大量的可供使用的货币（现金加上未使用的贷款），并且急不可耐地追逐利润，这就给金融部门带来了竞争压力，驱使金融性企业投入尽可能多的资金以生存下去。这使得金融工具的价格上扬，而这反过来点燃了弥漫于整个金融圈的投机心理，这一心理有助于说服金融界相信其活动是完全正当的。

从结构性的观点看，即给定上文讨论的具有深远意义的金融部门的独立性，这一类金融资产膨胀有可能无限期地持续下去。但是，面对生产性部门的持续停滞，金融资产的膨胀难道不应注定崩溃吗？这两个部门真的如此独立吗？或者，这一金融资产的膨胀难道不应像资本主义过往历史上其他许多狂热投机一样注定破灭吗？

对这些问题目前还无法给出明确的答案。但是我们倾向于认为，在资本主义目前的历史阶段——排除因国际货币和银行体系的崩溃所带来的绝非不可能的震荡——生产部门停滞和金融部门膨胀的并存，有可能在长期内持续下去。原因在于，资产阶级的根本态度，尤其是在美国，是由根植于资本主义制度中的一整套预期所控制的。资本主义意识形态想当然地认为，资本主义经济的正常状态是建立在强有力增长基础之上的繁荣。对正常状态的背离，是暂时的并且注定会扭转。这一信条不仅适用于普通商业周期里的衰退和萧条，而且适用于根据假定每隔五十年左右出现的较长时期的停滞（因此可以理解，所谓长波周期理论何以在商业报刊中越来越受欢迎）。根据这种观点，我们现正处于这一时期，并且会在整个 80 年代持续下去，紧随而来的是在 90 年代之后的一个新的长波上升期。

只要资本家们相信这一理论（或类似的理论）——我们认为他们毫无疑问会相信——该理论就为构成生产性资本家和金融资本家特征的那些行为提供了一个合理的解释。生产性领域的资本家必须未雨绸缪（主要是以牺牲工人的利益为代价），同时等待新的长波上升期的到来。另外，那些在金融部门运作的资本家能理性地（对他们而言是这样的）对其纸面资产在长波上升期到来时的价值进行估值。因此生产部门将继续停滞，而金融部门将继续膨胀。

正如《每月评论》的读者所了解的，我们将五十年的经济周期视作意识形态——在这个术语的最糟糕的意义上，即它是将资本家的利益予以合理化的一种迷信。成熟资本主义的正常状态是停滞，而非强劲的增长。在缺乏强有力的外部刺激的情形下——这些外部刺激目前还没有看到出现的迹象——停滞将会继续，除了偶然的反复外，还会自我强化。如果这一判断是正确的，那么美国的资本家阶级，同其他美国人一样，迟早会幡然醒悟。但这种变化会以自然而然的形式发生，或是一次严重的震荡（如受到国际金融恐慌的操纵）将介入，并使事情依照新的路线发展，都还是有疑问的，无法预先获得合理的答案。与此同时，如果由生产部门和金融部门最近扮演的奇怪的双人舞一直持续很长时间，我们也不应觉得奇怪。

调查报告

# 关于东乡族咀头村贫困的性质和原因的调查报告[*]

杨思远[**]

**摘　要**　咀头村乃至整个东乡族贫困的性质是农民自身再生产中的货币支付能力不足，是一种货币收入缺乏型贫困。产生这种贫困的根由是传统的以手工劳动为基础的自给性农牧业生产方式，这种生产方式能够自给但却不能自足，产生了对货币的需求但又不能提供足够的货币收入，这一矛盾造成了咀头村特有的货币收入型贫困。咀头村的货币收入型贫困因商业性家庭畜牧业收入、劳务输出收入、得自政府的财政补贴收入和各类举债而得到缓解，但这些获取货币收入的渠道没有动摇自给性农牧业生产方式这一贫困根基，反而固化了这种生产方式。建立在不触动这一生产方式基础上的现行经济发展战略，不可能依靠自身力量脱贫；要摆脱贫困，改造自给性农牧业生产方式是必须的。

**关键词**　货币收入缺乏型贫困　自给性农牧业生产方式　合作化

东乡族，主要聚居在甘肃省临夏回族自治州境内洮河以西、大夏河以东的山麓地带，人口 513805 人[①]，其中半数以上聚居在东乡族自治县，其余分别聚居在积石山保安族东乡族撒拉族自治县及广河、和政等县。东乡族自称"撒尔塔"，据《蒙古秘史》和其他史书记载，"撒尔塔"泛指中亚一带的穆斯林。一般认为，东乡族是 13 世纪 20年代，以东乡地区穆斯林中的色目人为主体，加上成吉思汗征服中亚后解体的撒尔塔人，融合部分蒙古族、汉族人而形成的。东乡族有民族语言，但无民族文字，信仰伊斯兰教。新中国建立 60 年来，东乡族经济文化获得了较快的发展，取得了很大的成就，但总体上看没有摆脱贫困。

咀头村是东乡族自治县汪集乡的一个行政村，下辖街道社、咀头社、对把子社、李家社、上老庄社、下老庄社和胡拉松社 7 个自然村。咀头村的生产方式、经济制度、经济结构和经济发展水平在整个东乡族自治县具有典型性。2009 年 7 月 12 日～8 月 1

---

* 从 2008 年开始，中央民族大学"985 工程"设立了"民族地区村庄经济调查"项目，该项目计划在全国选择 100 个村开展入户调查，这 100 个村主要集中在民族地区，但为了比较研究的需要，也从全国其他地区选择少部分村庄进行调查。经过六年的努力，截至 2014 年暑期，已组织完成调查的村庄有 95 个，获得了大量第一手的珍贵材料。从本期开始，我们将选择其中部分成果发表，以飨读者。
** 杨思远，中央民族大学经济学院教授。
① 全国第五次人口普查数据。

日，笔者对该村的贫困性质和原因问题进行了专门调查。

一

甘肃省东乡族自治县，是个典型的贫困县。2008 年农民人均收入只有 1419 元，28 万人口的县财政收入只有 2416 万元。[①] 2001 年东乡县被国家确定为国家扶贫开发工作重点县，24 个乡镇被确定为扶贫开发重点乡镇，192 个村被确定为扶贫开发重点村，16.94 万人被确定为贫困人口。[②] 该县汪集乡咀头村则是个典型的贫困村，2008 年农民人均收入 1270 元，咀头村 213 户家庭中有 91 户属于低保家庭。[③] 贫困是东乡族经济基本的和主要的特征，咀头村的贫困不过是整个东乡族贫困的一个样板，这是我们这次东乡族经济调查选择对象的主要依据。

造成咀头村经济长期不能脱贫的根源何在？这是本次调查要解决的中心问题。我们听到了对于这一问题的诸多答案。

在咀头村，将贫困归结于恶劣的自然条件，尤其归结为干旱缺水，是再自然不过的一个解答。黄土高原被冲蚀而成的沟壑纵横支离破碎的丘陵上，严重的水土流失使许多地区成为不毛之地。每年 200 ~ 300 毫米的降水更使咀头村十年九旱。严重缺水几乎是解释一切问题的一个重要因素。如果你站在破碎的黄土高原的山坡上向四周观望，凡是沟壑内部的植被一定好于山坡，凡是平川地的作物长势一定好于坡上梯田。至于小麦和洋芋（东乡族语：即土豆）之所以成为咀头村的主要作物，均可从干旱缺水中得到解释。小麦单产之低，洋芋之所以成为救命作物，还是因为干旱。咀头村李家社何有苏家 1989 年修建面积为 40 平方米的房屋花了 11000 多元，而 2005 年为大儿子结婚修建的同样面积的住房只花了 7000 多元，根源还是因为水。1989 年建房用水取自 20 公里外的锁南坝镇，成本昂贵；2005 年后接通了自来水，建房成本因之猛降。解决用水问题，已经成为东乡族自治县各级政府的一项重要工作。由此看来，将贫困归结为缺水似乎有道理。但是我们认为，如果不是以传统生产方式下的农牧业为主导产业，缺水对经济发展的影响不会有现在这般强烈。

还有一种类似的观点，也是把贫困的原因归结为自然条件，认为咀头村地下无矿藏。此种观点解释说，如今富裕之地不是煤铁蕴藏丰富，就是富集石油天然气；咀头村地上无水，地下无矿，山是土山，连一块石头都没有，贫困是必然的。这种看法的

---

① 马维纲：《政府工作报告——2009 年 1 月 10 日在东乡族自治县第十六届人民代表大会第三次会议上》。
② 东乡县扶贫办主任马学忠：《在省政协"推进民族经济社会发展"专题调研座谈会上的发言》，2009 年 6 月 23 日。
③ 东乡县汪集乡：《2008 年度主要社会经济指标》，2009。

合理之处在于，单纯的农牧业在现今时代是不能致富的，工矿业才是致富之道。问题在于，工矿业的存在同本地有否矿藏是两回事。中东地下石油蕴藏千百万年了，但也只是在 20 世纪 50 年代之后才成为世界油都；日本自然资源尤其是矿产资源相对贫乏，但它却是世界三大工业中心之一。所以说，不是咀头村地下无矿才贫困，而是因为贫穷不能建成现代化工业体系。

文化素质低制约了东乡族经济发展，是造成咀头村贫困的根源，持这种观点的人很多，上至干部，下至村民；既有阿訇，又有普通穆斯林。这种看法将贫困的根源从自然条件转移到主体人，在寻解问题的道路上是个进步，但是，人本身是生产劳动的产物，不同的生产方式对人的素质要求是不同的。采集渔猎生产方式对体力要求不强，因而妇女可以主导氏族社会；农耕生产方式对体力的要求大为提高，父系社会出现。农业生产靠经验，工业生产靠科学。人的文化素质低，一方面要视作传统农牧业生产方式的产物，另一方面也要看成这种生产方式的原因。在咀头村调查中，多数东乡族农民家有两三个孩子，但能读到初中毕业的很少。问其故，有贫困读不起书的，更多的是孩子自己不愿读，也有很多家长认为读书无用。咀头村首富赵忠华，在兰州开有宾馆，在青海有羊绒生意，在新疆开过金矿，但他只是高中毕业生；街道社的牟占虎自己开了家服装店，同时出租 17 间门面房，是街道社有名的富户，但他是文盲。不过在我们对这两位村民进行采访时，他们普遍感到缺乏文化在生意上是个巨大的限制，尤其是牟占虎，不识字无法进货，更不会签订合同、记账和算账。这说明工商业经营必须有一定的文化素养，而从事传统农牧业的确不需要多少文化。在咀头村特别是在下老庄社、胡拉松社和对把子社的调查中，大多数家庭的孩子只念到小学，文盲相当普遍，他们认为，荡羊（东乡族语，即放羊）、种麦子和洋芋无须识字。另外，自给性的农牧业生产，商品率极低，货币收入很有限，靠卖点儿洋芋和几只羊，靠外出打工挣点儿钱，只能用来贴补家用，盖房、结婚、治病、丧葬都会形成巨大的债务，无钱供孩子上学。上小学和初中由于政府免除学费、杂费和书本费尚可支撑，上高中则难以负担。至于供养一个大学生，在整个东乡族乡村基本没条件。许多大学生不愿从事传统农牧业生产也是可以理解的，因为学无所用，用无可学。这种情况表明，传统农牧业不仅供养不出高素质的劳动者，而且排斥这种劳动者，将文化素质低作为贫困的根源，实在是倒因为果。

缺乏资金是贫困的根源。这种观点在咀头村干部和群众中相当普遍。其实，资金是价值概念，缺乏资金和货币型贫困是同语反复，这只要追问一句：为什么会缺乏资金？答案就会归结为贫困。穷是穷的根源，富是富的理由。在西方经济学说中，这被归结为马太效应。但是，如果我们不能说明作为生产结果的贫困，就不能说明作为再生产结果的贫困，再生产总是将生产的条件与结果再生产出来。

基础设施落后才是贫困的根源。咀头村位于青藏高原与黄土高原交会地带，属黄土高原丘陵沟壑区，境内山峦起伏，沟壑纵横，属切割破碎的黄土高原沟壑地貌。山坡陡峭，雨裂发育，切割颇深，悬崖峭壁处处可见。"人们形象地说，这是'碰死麻雀滚死蛇'的地方，山坡陡度一般在 30 度以上，有的达 70 度；宽度一般为 30～50 米，深度为 30～70 米，呈 V 字形，'隔沟能说话，握手走半天'是这种状况的真实写照。"① 这种地形地貌使交通运输极为不便，道路建设成本高昂，交通事故率高，通信信号质量不佳，手机时常找不到信号。穿越咀头村的锁达公路去年才贯通；咀头村至各社的路都是狭窄的土路，供摩托车和农用车行驶。建材运输、农产品外销，落后的交通都是一个重要限制。7 月 25 日上午我们步行从上老庄社到下老庄社去调查，途遇一老乡用兰驼牌农用车运一只羊去赶集，交通运输成本之高可以想见。但是，将贫困归结为基础设施同样不可靠。基础设施建设是与一个地区的工业化、市场化、城镇化同步的，它是为满足市场需要，同时又是从市场取得供应的工业生产方式的一部分，而不是自给性农牧业生产方式的要件。道路建设尽管是脱贫的一个条件，但不是根本原因，只有摆脱自给性生产，才能充分发挥已有基础设施的作用，才能产生建设新基础设施的要求和条件。

"因病致贫"四字，在咀头村调查中常能听到，亦能找到实例，但我深表怀疑。吃喝穿用住行，结婚、生育、治病、丧葬都是人生最基本的需要，正如我们不能将吃饭归结为贫困的原因，相反，要把吃不好视作贫困的表现一样，我们也不能将治病视为致贫之因，而要将有病不能医治当作贫困的表现。如果说某个家庭被吃穷或病穷，那一定是这个家庭的收入不能满足基本需要，靠省吃俭用和有病硬扛的途径致"富"，充其量只是有点儿余钱而已，这种"富"与其说是财富生产的结果，不如说是财富消费的产物。这在扩大消费的时代是多么不合时宜啊。

市场发育程度低。市场是一种交换关系，如果生产中没有形成细密的社会分工，交换就是没有必要的。咀头村的农民普遍从事自给性农牧业生产，小麦和洋芋种植主要是满足家庭食用，养羊也是以户为单位，贴补家用，这种自给性生产排斥社会分工，市场仅仅作为有限剩余产品的市场，既无必要又无可能得到扩展。生产决定交换，在自给性生产方式未根本解体的情势下，试图通过牛羊市场和洋芋市场的建设来摆脱贫困，是舍本逐末之策。

下苦人（东乡族语：即劳动力）不足论。土地承包到户，每个家庭必须要有下苦

---

① 马志勇：《东乡史话》，甘肃文化出版社，2006，第 3 页。

人，否则承包地不可能有小麦和洋芋收成。许多丧失劳动力的家庭的确陷于贫困，但问题是整个咀头村每年都有大量劳动力输出，全村劳动力富余和某些家庭劳动力缺乏可以同时存在，这恰恰说明，劳动力不足不是绝对的，只是因为家庭经济组织的存在，相对于家庭承包的土地来说才有劳动力不足。对于另外一些家庭，却是苦于劳动力过多。家庭劳动力不足和全村劳动力过剩同在，一家劳动力不足和另一家劳动力过剩并存，在这种情况下，怎么能将贫困归结为劳动力不足而不是归结为家庭经济组织呢？

乡村两级机构缺乏独立财政。在同乡村干部座谈中，当我们问及关于咀头村未来发展的规划时，他们普遍表示，由于缺乏独立财力基础，任何长远规划不是忽悠百姓，就是流于空谈。他们说，基层选举将百姓召集起来轰轰烈烈，候选人许下诸多宏愿，但乡村缺乏独立财政来源，无力兑现这些空头许诺。他们认为，如果乡村有独立财政能力，将项目资金统筹运用则会避免这种情况。但是，将乡村两级机构缺乏独立财政视作贫困原因很难成立，因为当前的农村是以家庭为基本经济单位的，即使乡村有独立的财政能力，面对的却是千家万户，不可能形成全村整体规划，独立财政只能加快一些农户的致富，而造成另一些照顾不到的农户难以脱贫。所以，乡村有无独立财政能力在现行小农经济基础上与贫困无涉。

56 个民族 56 朵花，东乡族是朵苦菜花。咀头村、汪集乡和整个东乡县长期贫困，关乎东乡族长远发展，威胁整个民族的根本福祉。认识问题是解决问题的前提。咀头村贫困的根由到底是什么，任何一个理论和实践工作者都不能不负责任地轻下结论。

二

为了探索咀头村贫困的根由，我们必须首先对该村贫困的性质有一个准确的认知。

贫困首先表现为农民不能以自己的生产物满足自己最基本的生活需要。我们这里不是探讨一般贫困的问题，而是咀头村的贫困问题，因此将贫困的主体确定为农民。我们必须立即对"自己的生产物"做出说明，因为在现代市场经济条件下，每个人都不是用"自己的生产物"直接满足自己的生活需要，而总是以"别人的生产物"来满足需要。但是，用"别人的生产物"在市场经济中不是无偿的，而是以"自己的生产物"交换得到。"自己的生产物"可分作两部分：一部分直接满足自己的需要，如咀头村农民自给性消费的小麦、洋芋等；另一部分通过交换满足自己的消费需要，如咀头村农民用所养的羊、牛等换取零花钱，以贴补家用。因此，如果我们不明确使用"直接"或"间接"的限定语，贫困是指农民不能用"自己的生产物"来满足生活需要的说法是能够成立的。关于"生产物"还必须做进一步说明，它不仅是指咀头村农民在自己的土地上，依靠自己的劳动所生产的农畜产品和手工业品，也包括他们外出打工的劳动生产物，但这两部分是有区别的，前者属于小农经济范畴，后者属于市场经济范畴。本文第四节将说明二者之间的内在联系以及对咀头村农民脱贫的意义。

"基本生活需要"是个历史的和道德的范畴。不同历史时期"基本生活需要"的内容、结构和水平是不同的。温饱二字只是指吃与穿两项，水平是饱和暖；"小康"二字包含的内容要丰富一些，吃喝穿用住行均在"基本生活需要"之列，其水平在足量的基础上始求优质。道德的限制是个社会限制，在特定历史时期，什么样的需要被列入"基本生活需要"，以什么样的对象和方式满足这种需要，都有符合当时当地的道德标准。咀头村村民全部是东乡族农民，他们信奉伊斯兰教，《古兰经》对每个人的生活和行为规定了许多准则，提供了一整套道德标准，对"基本生活需要"的确定有重大影响。阿訇的需要就不同于普通穆斯林。再贫困的穆斯林也会自愿向清真寺捐献，这些捐献按照依斯兰道德标准是应当被列入"基本生活需要"范围的。

"基本生活需要"的内容包括吃喝穿用住行。对于咀头村来说，吃食异常简单，主要是面食和洋芋，多数村民早餐主食洋芋，午餐可以吃饼子或拉条子，洋芋作为菜或调料，晚餐和午餐差不多。蔬菜是有的，但不多。他们很少吃肉，尽管几乎家家都养畜禽，但牛用于犁地，驴子用来运输，羊用来出卖，只在节日或重要日子里才会宰鸡或羊。东乡族生活于干旱、寒冷的黄土高原和青藏高原接合部，增加热量和消除干渴的需要使得他们对茶叶有巨大的需求，茶是东乡族群众的生活必需品。普通咀头村民对于穿没有过高的需求，在调查中，六口之家一年衣着开支为2000元左右，更为贫困的只有1500元，这包括全家四季衣服鞋帽开支。在用的方面，可能受到伊斯兰教影响，很多咀头村人家除电灯外没有其他电器，老一辈认为电视和电脑会教坏年轻人。生活用具不少是自制的，厨房用品仅限于最必不可少的不能自给的部分。过去床上用品多为家庭手工制作，如今基本靠买。电视约有三分之一的人家购置了，但收视时间很短，家长怕孩子学坏，限制收视。咀头村村民住房水平并不低，重视修房盖屋，是东乡族的习俗，民居有土木结构和砖木结构两种，但完全砖木结构的建筑是罕见的，大多是前墙用砖和瓷片，山墙与后墙是用土砖砌就或夯筑而成的土墙。虽然冬季很冷，但墙厚多数为18厘米，少有24厘米。通常一户以三间一栋为正房，东西有配房（东乡族语：即厢房），土墙围成的院子使一户成为一独立单元。交通工具为摩托车、农用车，自行车不适用起伏不平的山路。但多数人家买不起农用兰驼车，摩托车则较为普遍。

"基本生活需要"的上述内容是一种静态的结构，动态来看则是满足农民自身再生产的需要。从再生产看，生老病死等重要环节的需要都是必需的，尤其盖房、结婚、上学、医疗和丧葬是几个主要项目。人的生活需要有整个生命期始终发生的需要，也有一部分是特定时期才发生的需要，没有这些特定时期需要的满足，农民劳动力再生产就会陷于萎缩状态。

咀头村农民的基本生活需要，依赖两种形式来满足：家庭生产的自给性农畜产品和用货币收入购买的商品。家庭生产的自给性产品主要是小麦、洋芋和牛羊驴，这些农畜产品对于绝大多数家庭来说能够满足温饱的需要；但日常生活中不能自给的产品却要依赖货币支出去购买，特别是劳动力再生产中的主要开支项目，像上学、盖房、结婚、医疗、丧葬等需要大量货币支出。问题在于，家庭生产的产品在扣除自给性消费外，能够用于交换的剩余农畜产品极少，货币收入很有限，因而依赖这种自给性生产已经不能满足劳动力再生产对货币支出的需要。咀头村的贫困，在性质上正是这种货币收入缺乏型贫困。

在咀头村，温饱需要主要仰赖自给，而再生产中温饱以外的基本需要一般难以自给，需要货币支出才能满足。因此，咀头村的贫困更多的不是表现在自给性的实物消费上，而是表现在货币收入上。咀头村农民年人均 1270 元的收入，相当于全国农村居民人均纯收入 4761 元[①]的四分之一。这 1270 元是指农牧业收入，不包括劳务输出收入和政府的各种补贴。问题在于，纯农牧业收入中相当一部分是自给性的实物收入。小麦和洋芋是两种最主要的农作物，商品率极低，牧业中只有羊的商品率较高，牛和驴是作为生产工具饲养的。1270 元人均农牧业收入，是将实物收入折合成货币收入统计的，是个统计指标，不是真实的货币收入指标。货币收入几乎可以归结为家庭畜牧业，主要是养羊的收入。羊在东乡族是按只论价的，一般 4～5 个月的羊每只售价在 400 元左右，牧业收入可以归结为羊的头数，每户 3～4 只羊很普遍。2009 年养羊最多的上老庄社马占林家有 12 只，有的户一只也没有。咀头村实际人均纯农牧业货币收入约为 500 元，在温饱问题解决后，每年如此有限的人均货币收入是咀头村贫困的主要标志。

三

我将咀头村货币缺乏型贫困的原因归结为以家庭为单位的自给性的农牧业生产方式。

贫困作为一种经济生活现象，必须到生产中去寻找根源。经济生活包括人同自然和人同人的物质生产活动两个方面，这两个方面都以生产方式为基础。自然条件作为生产劳动改造的对象，对物质财富的生产、分配、交换和消费，肯定有影响，干旱草原只能放牧，定期泛滥的河域适于农耕，而岛民总是以捕鱼为主要生计。但自然条件

---

① 温家宝：《政府工作报告——在第十一届全国人民代表大会第二次会议上》，2009 年 3 月 5 日。

不是决定性的因素。同样是草原,游牧生产和定牧生产完全不同,所造成的后果也完全两样;同样是土地,刀耕火种和精耕细作,传统农业与现代农业生产迥异,所以问题的关键是生产方式。

咀头村的生产方式是传统的农牧业。所谓"传统",指其以手工劳动为基础,以经验为依靠。这种农牧业虽然已经将最终生产成果纳入目的性因果设定,因此较采集渔猎生产方式要先进得多,但在整个生产中,有目的性的劳动所起的作用还很微弱,这为自在因果性联系的作用预留了巨大空间。咀头村两种主要农作物小麦和洋芋品种的选择就是历史的产物。这两种作物即使在自在因果性发挥作用的时空内,也能较好地保持劳动目的性设定不至于全盘落空。干旱是自在因果性联系起作用对目的性设定构成的最大威胁,小麦和洋芋作为耐旱作物一方面适应了干旱,另一方面又最大限度地保存了人的劳动目的性。东乡族人发明一个专门的词叫"雨水灌",就是"风调雨顺"的意思。尽管小麦和洋芋耐旱,但如果旱情过于严重,仍然不会有收成,特别是在播种和开花季节,若有雨水灌,则可多收三五斗。所以,与其说干旱造成贫困,不如说是靠天吃饭的农业生产造成贫困。贫困的根因不在天,而在人。牧业也是如此。咀头村养羊是真正的支柱产业,而且"东乡"手抓羊肉是驰名品牌。但制约养羊业的首要生产环节是繁殖,关键环节是饲料。由于贫困,多数农户买不起羊羔,要想多养,繁殖率必须提高。咀头村有三种羊:小尾寒羊、多胎羊和本地羊。小尾寒羊耐旱,育肥较快,但一胎只能生一只,且食量大、易生病,农民更喜欢养多胎羊,一胎可产两到三只。我们在对把子社牟耀祥家调查时了解到,他家 2008 年养的 3 只多胎羊,2009 年下了 8 只小羊羔。和种麦子、洋芋一样,这里自在因果联系起决定作用。在整个饲养过程中,这种作用也存在,它对出栏时个体体重有重大影响,不过农民已经将劳动深深嵌入生产过程,在出栏前约 1 个月,加大洋芋喂饲量,这是咀头村和东乡县特有的育肥方式。于是剩余洋芋成为关键问题,由于小块土地经营难以获得更多的剩余洋芋作为饲料,养羊规模受到限制,饲养的时间也受到限制。

总体来看,在咀头村以手工劳动为基础的传统农牧业生产中,自然的限制很强,劳动目的性作用很脆弱。小麦和洋芋的亩产量年度波动相当大,个体家庭养羊的只数同样有很大的波动。2008 年"雨水灌",小麦亩产达到 700 斤以上,2009 年旱情较重,亩产据估计不足 500 斤。这种靠天吃饭的农牧业,尽管在适度引入化肥、育肥技术后,产量仍然有限。财富创造量少是贫困的根源,即使这些财富全都表现为商品,也会导致货币收入意义上的贫困。

何况,咀头村的农牧业生产是自给性生产,这加重了货币收入意义上的贫困。完全自给性生产是不需要货币的,自己的一切需要都能通过自给性生产解决,货币又有何用呢？货币起源于商品生产与商品交换，货币的本质是充当一般等价物的特殊商品，货币的基本职能是衡量商品价值和充当商品交换的媒介，流通中所需要的货币量由待售商品的数量与价格决定。也就是说，货币的存在及其作用始终离不开商品，在自给性生产方式下，劳动产品不表现为商品，因而也就无需货币。对于从事自给性生产的经济体来说，其收入只表现为实物收入，而不会表现为货币收入。所以，在自给性生产方式中，贫困的概念是由实物收入界定的。

如果咀头村的农牧业生产方式能够实现完全的自给，也就是说，自给能够自足，那么，即使人均货币收入为零，也并不等于其实际生活水平低，因为实际生活水平不是以货币来衡量的，而是由消费的实物的使用价值决定的。问题是，咀头村的农牧业生产可以自给，但不能自足。

和全国一样，咀头村也已经步入从传统社会向现代社会的转型期，其经济生活正逐步被纳入到市场关系中，只是以家庭为单位的农牧业生产方式死死拖住了这一进程。尽管如此，农民劳动力再生产中的许多方面和环节已经不可能脱离市场了，主要表现如下。

在吃的方面，歉收年不可避免地要购入粮食，这需要货币支付。日常生活中的油盐酱醋毕竟不能仰赖自给，自古靠市场供应，没有货币收入是不行的。在穿的方面，家庭纺织缝纫手艺基本被现代纺织服装工业所取代，咀头村农民绝大部分衣着靠从市场购买。在喝的方面，过去的饮用水是靠运水车运入，需从锁南坝镇（东乡县府所在地）购买，也有自己从山沟里用驴驮水的；近年来，自来水工程基本完成，喝水交费，同样离不开货币。茶叶消费在东乡族的量很大，干旱寒冷的东乡不产茶叶，农民饮茶必须从市场购买，到过东乡的人会发现，在东乡各类市场上茶叶的经销都是大宗商品。在用的方面，用电需要花钱，用汽油要花钱，农业生产上买化肥、种子、农药要花钱，上学要花钱，看病付医疗费，购买结婚用品以及给彩礼，丧葬时散给来宾的哈吉耶要买，捐给清真寺以及请阿訇……这些都需要货币。在住的方面，房屋修建尽管有亲友帮工无须支付工钱，尽管有政府的危旧房改造项目和廉租房项目补贴，尽管部分建筑材料，如土坯砖、木料可以自给，但这些都不能将一栋房子盖起来，农民盖一栋房子平均仍需支付万元以上的货币，最低的也要支付 7000 ~ 8000 元。在行的方面，摩托车、农用车的购买及其维修等，都是农民不能自给的。

择其要者，农民在子女上学、建房、结婚、治病、丧葬等劳动力再生产几个重要环节上都不能实现自给自足，需要仰赖市场供应。一方面，以手工劳动为基础的传统农牧业生产的农畜产品十分有限，且自给率高、商品率低，造成货币收入有限；另一方面这种自给性生产不能自足，又产生了对市场的依赖和货币支付的需要。生产方式能够自给但却不能自足，对货币产生了需求但又不能获取足够的货币收入，这一矛盾的结果就是贫困。咀头村，乃至整个东乡县农民的贫困，不是自给性产品消费意义上的贫困，而是在劳动力再生产的几个重要环节上严重缺乏货币购买力，从而形成在温饱两项之外一系列基本生活需要项目不能满足的贫困。这些贫困由于不能通过自给性生产加以消除，需要货币支付才能解决，所以这种贫困表现为货币收入上的贫困。

这种自给而不能自足的传统农牧业生产方式造成的特有贫困，由于以家庭为基本生产和生活单位而得到强化。

受伊斯兰教文化的影响，咀头村的农民家庭，一般父母健在时，即使多个儿子已经结婚，也保持大家庭生活而不分家。大家庭财权掌握在父亲手里，不论婚否，子女的收入都要交给父亲，大家庭统收统支。当父亲无常（东乡语：即过世）后，兄弟们才会分家，各立门户。需要说明的是，东乡族计划生育政策允许一对夫妇生育三胎，实际往往超过三胎，我们调查的家庭，有 4 个孩子的不在少数。不过最近二十年来，东乡族农民父亲健在就分家的现象也逐渐多起来，并不会被同乡们看不起。

不论是分家的小家庭，或是未分家的大家庭，在实行家庭联产承包责任制后，家庭对传统自给性农牧业生产的维护是大大加强了，因而也强化了这种生产方式所造成的贫困。

家庭联产承包责任制推行后，土地以家庭人口多少平均承包到户，重建了历史上的小农经济。咀头村在集体经济时代没有完成向工业生产方式的历史性转变，社队企业几乎为零，但在集体制时代依靠集体生产力兴修了梯田，这是集体制时代留给东乡县和咀头村的唯一遗迹了。对把子社的老农告诉我们，修梯田能保持水土肥不致流失，亩产从原来的 200～300 斤提高到了 500 斤以上。那时修梯田全靠劳动力，不像现在有机械。家庭承包后，集体生产力丧失了，但梯田仍然被保留下来。单家独户的生产根本不能自主地完成向工业生产方式的转变，且使农牧业生产方式永久停留在手工劳动的基础上，在家庭承包的有限土地上，农畜品产量不可能大幅度地提高，强化了自给性生产。对于男孩较多的家庭，未分家时地少劳动力多，可以腾出部分劳动力外出打工，分家后人均占有土地不断减少，现在整个咀头村人均占地只有 2 亩，产量增加受到土地的限制；对于只有女孩的人家，女儿出嫁后，地多人少，产量增加又受到劳动力的限制。

土地家庭承包后，自给性生产得以保存和加强。小块土地经营和各农户经济结构的同化限制了社会分工的发展，自给性生产成为必然，农畜产品商品率因之保持在一个极低的水准。在咀头村，牧业商品率高于农业，远离乡政府所在地的对把子社和胡拉松社低于乡政府所在地的街道社和咀头社。

　　同时，以家庭为基本经济单位又降低了自足能力，集体制有许多缺陷，但集体内部的适当分工大大提高了一个集体内部的自足能力，公社的自足能力比大队强，大队又比生产队（现在咀头村所谓的"社"）强，生产队比个体农户强。对于内部结构基本相同的农户来说，咀头村总体需要同单个农户的个体需要没有质的区别，但经济单位由村降为农户，满足这种需要的能力下降了。因而，个体农民对市场依赖性增强，货币收入的意义更为重要，缺乏货币意义上的贫困更加凸显。实际上，家庭是自给但不能自足的传统农牧业生产方式的组织基础，没有这个组织基础，自给性传统农牧业生产方式就难以形成；反之，家庭的作用之所以增强，农村家族势力之所以再度兴起，与这种传统农牧业生产方式的重新确立是并行的。

　　在明确了以家庭为单位的自给性传统农牧业是咀头村贫困的根源之后，我们就可以对前面各种关于贫困的原因的解释有更为准确的认识。自然条件恶劣论不懂得自然条件只有通过生产方式才能发生作用，将自然条件孤悬于人类社会之外，干旱、冻灾只有在传统农牧业生产方式中才能起作用，在现代农业中其负面作用将大为下降。对于传统农牧业生产来说，即使地下有矿也是毫无价值的。内蒙古煤铁矿丰富，但蒙古族牧民很难开采；新疆是国家能源基地，但能源产业劳动者中维吾尔族人所占比重很低；日本不是矿产资源丰裕国，但工业生产方式照样可以使其裕民富国。传统农牧业生产方式依靠经验生产，既产生不了对高素质人才的内在需求，又无力担负培养高素质人才的费用。自给性的生产排斥货币，当然更排斥资本，资金缺乏正是自给性生产的特征，是货币收入型贫困的表现，而不是其成因。自给性生产无须交换，交通等基础设施的落后与其说是贫困的原因，不如说是自给性生产的内在规定之一。治病是劳动力再生产的基本需要，"因病致贫"只能说明自给性的生产不能满足治病这种基本需要，是自给不能自足的重要方面，同时也说明传统农牧业生产依靠自身内在力量无法提供医疗保健制度。如果说缺乏资金不是咀头村贫困的根源，那么拥有独立的乡村财政也不能成为致富的理由，因为自给性的农牧业生产以家庭为单位，乡与村即使有财力也解决不了农户的贫困，分散的农户永远不可能通过外部财政转移支付的输血而致富。至于缺少劳动力，那恰恰是以家庭为基本经济单位的必然产物。咀头村劳动力总体富余同个体家庭劳动力缺乏可以并行不悖，一些家庭劳动力缺乏与另一些家庭劳动力富余可以同时存在，问题的根源显然不是劳动力的绝对缺乏，而在于劳动力的使用以家庭为界限，只有突破以家庭为单位的传统农牧业生产方式，才能化解咀头村劳动力富余和农户劳动力短缺的矛盾。

## 四

　　由于以家庭为单位的自给性农牧业生产方式的长期维持，咀头村的贫困全面地表现出来，如果简单罗列这些贫困现象，殊难获取整体印象；如果只用一个农民人均纯收入指标，又失之笼统。本节我们提出贫困生态概念来系统地刻画咀头村的贫困。

所谓贫困生态，是指一系列贫困因子按照一定的秩序相互联系而形成的有机整体。在这些因子中，贫困的根源即自给性农牧业是最基本的因子，此外包括商业性畜牧业、劳务输出、政府补贴、债务等。咀头村贫困的内在矛盾是自给性农牧业生产方式造成的货币收入有限，与这种生产方式不能自足而产生的对货币支出需求之间的矛盾。这种矛盾的展开及表现，是贫困生态演化的内在根据。

我们一直将自给性的传统农牧业作为一个生产方式整体来看待，实际上，这个生产方式本身是可以分析的，咀头村的牧业对农业具有一种补充作用。咀头村的农业主要从事两种作物的种植，一是小麦，二是洋芋。这两种作物实行轮种，如胡拉松社牟外力果家有 7 亩地，种 5 亩小麦和 2 亩洋芋；上老庄社马万良家 11 亩地，种 6 亩小麦和 5 亩洋芋；街道社牟占虎家有 4 亩地，种小麦和洋芋各 2 亩；下老庄社马成表家有 6 亩地，种 3 亩麦子和 3 亩洋芋；马英家有 10 亩地，种 7 亩麦子和 3 亩洋芋；马麦志东家有 11 亩地，种 5 亩小麦和 6 亩洋芋，都是一年一轮。两种作物均为耐旱作物，但耐旱能力洋芋高于小麦，当严重干旱发生时，洋芋就是救命之物，洋芋实际上对小麦构成一种补充，这种补充在解决温饱问题上具有重要意义。在丰年，洋芋在补充口粮之余，可以直接出售一部分换取货币，也可以用作饲料喂牲畜。但这种补充仅限于自给性农业内部，在农业外部则形成商业性畜牧业的补充。

咀头村的畜牧业是以家庭为单位，是以喂饲为主、放养为辅的圈养畜牧业，与甘南高寒草原放牧畜牧业有重大区别。东乡族和咀头村的畜牧业小部分是自给性的，主体部分为商业畜牧业。主要饲养的牲畜品种有小尾寒羊、多胎羊、本地羊、牛和驴，主要饲料为麦草和洋芋，麦草是一种将小麦秸秆铡成寸许，加水拌以麦麸而成的饲料，洋芋往往是挑选个头小的作饲料，大的供人食用。一般农户每年在春天购进羊羔或接羔，养到农历六七月出栏，具体出栏时间取决于三个因素：一是用钱的需要，二是市场行情，三是主要精饲料洋芋的剩余情况。在出栏前，咀头村农民一般要育肥，通过多喂洋芋催肥。咀头村畜牧业对农业的补充作用表现在：畜牧业填补了咀头村旱作农业中自然起作用的巨大时间，正如汉族家庭手工业填补了农闲时间一样；畜牧业的发展利用了自给性农业生产中形成的剩余农产品（麦草、麦麸和小个头的洋芋）；牲畜粪便为农业提供了有机肥和部分燃料；商业性畜牧业货币收入成为自给但不能自足的农民生产和再生产自身劳动力费用的一个重要来源。在咀头村调查中，常听到农民说，需要花钱时就卖一只羊，有时急等用钱，一只能卖 400 元的羊 200 多元也会出手。

咀头村虽不能说家家养羊，但养羊户是很普遍的，占 90% 以上，所以，羊一般不会在农户之间出售（羊羔除外，那是作为劳动对象，不是作为最终产品交换的），而是卖给宾馆饭店，也就是卖给那些脱离了农牧业生产的消费者，这一点在咀头村有重大经济意义。它表明，村里的畜牧业只有在满足社会需要的条件下，才能成为自给但不能自足的生产方式的一个货币收入来源，才能成为商业性的畜牧业。自给但不能自足的农牧业生产已经被部分地纳入市场，而成为半自给性生产。

商业性畜牧业的补充作用是有限的。以一只羊450元的高价计算，年均卖4只羊是大卖家了，那也只能收入1800元，贴补家用也不够。下老庄社社长马成表说，他家七口人，每天日常需要货币开支在25～30元，年货币开支约需要1万元。所以，卖羊收入不敷日常货币支出，发现新的货币来源是必须做的事情。

劳务输出是咀头村货币收入的第二个渠道。根据东乡县劳务办提供的材料，东乡县劳务输出有两种形式：组织输出和自谋输出。2008年全县自谋输出3.1万人，组织输出2.9万人。主要输出地有兰州、西宁、格尔木、巴州、京津、济南、大同、常州、呼和浩特、拉萨、伊犁、杭州等地，2008年劳务创收2.5亿元，同比增长19%。人均劳务收入4160元。[①] 这里讲的"人均"不是全县人均，而是全县输出劳动力人均。咀头村劳务输出从所调查的户来看也是十分普遍的，有这样几个特点：一是向西输出，这与历史文化联系有关；二是各户不均，劳力富余人家输出多，如李家社何有苏3个儿子都在外打工，而下老庄马麦志东家一个打工的也没有；三是季节性很强，一般在麦收结束后到过年的2～3个月里；四是外出劳动力主要从事收摘棉花[②]、建筑、皮毛收购等，技术含量低，人均月收入在700～1000元。

在咀头村，劳务收入虽也有用来贴补日常开支，但更多地用来偿还债务和积蓄起来办大事。建房木料、砖瓦的预备，很多靠打工收入，治病也会逼迫部分家庭派人出去找钱，婚丧费用中的相当一部分是打工收入，孩子上学也要依赖父亲打工的报酬。在自给但不能自足的咀头村，打工的货币收入是当前主要的货币收入来源，这里仅举几例。

下老庄社有两个泥瓦工，一个叫马艾一布，另一个叫马英，前者42岁，后者43岁。他们的泥瓦工手艺都是年轻时到兰州打工时学会的，后来回到乡里为村民建房和修建清真寺。马英在咀头村算是高级技工，雇用他每天工钱是80元，这在咀头村远近闻名。马艾一布是个包工头，他和另一个木工合作，每包建一间房报酬是1200元，扣除一名小工每日50元工钱外，由他和木工平分。2009年上半年，马艾一布包建了30间房，获得1.6万元收入。两个泥瓦工的打工收入都很高，马英用多年的打工收入盖

---

① 东乡县劳务办：《2008年劳务工作亮点》，2008年11月25日。
② 每年新疆棉花收摘需要大量外来劳动力，咀头村以及东乡族许多农民都要去新疆赚取这笔劳务收入。

了新房，马艾一布的收入除了用于盖房外，主要用于给妻子治病。街道社牟占虎 1965 年生，有 4 亩地。他除了种地外，还经营一个服装店，此外还出租 17 间房屋。服装店和 17 间房产都是用牟占虎结婚后和妻子一起去新疆帮人收摘棉花挣来的钱修建的。从 1984 年到 1995 年，夫妻俩每年用出去打工挣来的钱盖 2 间房，10 年共修了 20 间。现在每间房月租 50 元，17 间出租房年收入上万元。他的发家得力于打工早、打工久、打工人数多、打工收入没有消费掉。下老庄社的马麦志东家 2009 年为盖新房花了 1.2 万元，其中，州财政补贴 4000 元，自己积蓄了 3000 元，从亲戚那里借了 5000 元，他的长子 2009 年 8 月打算去新疆摘棉花还债，他们家以前从未有人出去打过工。

东乡族自治县 2001 年被确定为国家扶贫开发工作重点县，有 192 个村被确定为扶贫开发重点村，咀头村忝列其中。作为一个重点扶贫村，享受许多政府项目补贴，政府补贴成为咀头村农民货币收入的第三个重要来源。根据政策规定，农民种地有种地农民直接补贴、农资综合直接补贴、退耕还林（草）粮食折现补助、退耕还林教育医疗补助、完善退耕还林政策补助、全膜双垄沟播技术推广补助、农村户用沼气建设补助、小麦玉米良种补贴、国家农机具购置补贴等；畜牧业有国家良种奶牛保险补贴、能繁母猪补贴、能繁母猪保险保费补贴、四大支柱产业扶持奖励；购买耐用消费品有家电下乡价格补贴、汽车摩托车下乡补贴；村社干部有村干部报酬、社干部报酬、村干部养老保险、退休村干部生活补助；上学有寄宿生生活补助、中职生生活补助、贫困大学生生源地助学贷款、临夏州高中贫困寄宿生社火补助、东乡县贫困生救助；治病有新型农村合作医疗、济困病床、降低孕产妇死亡率和消除新生儿破伤风对贫困孕产妇住院分娩补助、农村医疗救助、乡村医生劳务补助；养老有高龄老人特殊生活补贴；建房有农村危旧房改造、廉租房补贴、农村贫困残疾人危房改造项目；计划生育有"少生快富"工程资金、计划生育特别扶助金、计划生育特困家庭救助金、农村部分计划生育家庭奖励扶助金、农村二女稀三女节育户奖励金、独生子女领证户父母奖励金、村及村以下计划生育工作人员报酬；贫困群体还有农村低保补助、农村五保等。[①]

咀头村相当多的农户程度不同地享受到了政府的各种补贴，有的一户同一年享受多项补贴，尽管名目不同，等级各异，但都享受到了一次性或者定期发放的货币补助，这些补贴形成了咀头村农民尤其是贫困家庭货币收入的一个重要渠道。例如，下老庄社马麦志东 2009 年上半年不仅享受村危旧房改造项目补助的 4000 元现金，而且他领养的两个孤儿马外里和马赛菲亚都能按月领到每人 40 元的低保补助。马麦志东因此十分

---

① 东乡县惠民政策落实年活动领导小组办公室：《东乡族自治县惠民政策资料选编》，2009 年 7 月。

感激党和政府的关怀。

　　商业性家庭畜牧业收入、劳务输出的收入和各种政府补贴形成咀头村农民货币收入的三大来源。这些货币收入弥补了自给性农牧业生产方式不能自足带来的货币需求。但是，这三大货币收入来源能否完全满足咀头村农民再生产对货币的需求呢？应当说答案是因户而异的。对于那些通过三大货币收入仍不能应付货币支出需求的农户来说，举债就是唯一的渠道。如果像财政学讲的那样，债务也构成收入的话，那么我们可以把债务作为咀头村的第四大货币收入来源。

　　咀头村的信用有三类：伊斯兰信用、农村信用合作社和高利贷。咀头村村民都是东乡族人，信奉伊斯兰教，其民间信用受伊斯兰教影响，属于互助性的无息信贷，我们可称之为伊斯兰信用，这为广大贫困的穆斯林所欢迎。在调查中，我们发现这类信用在咀头村占绝对支配地位，治病、建房、上学、婚丧用钱，如需借贷，基本上是向亲友举借，都是无息的。信用合作社的贷款有较高利息，同时需要一定的信用或担保，咀头村普通农民很难从信用合作社获得小额贷款（年度最高额度为 5000 元）。高利贷在东乡族民间也存在，但不占支配地位。一些贫困的农户，长期靠借贷维持，其信用很低，在走投无路时就会借高利贷。

　　下老庄社社长马成表是个典型的贫困户，他家的债务越滚越大，兼有上述三种信用形式，已经难以为继了。从 20 世纪 80 年代开始，他向亲友举债，额度为 200 元，此后，虽有年度波动，但逐年上升，到 1988 年，债务超过 1000 元。进入 90 年代，他有几年外出打工，因而未借钱，但 1999 年母亲去世时花了 4000 元，他有兄弟 3 个，因兄弟更穷，他自己承担了 2000 元。这些债务都是伊斯兰信用。1996 年开始向信用社贷款，因为他是社长，有一些威信，另外有村领导担保，所以能从信用社获得小额度贷款。以后每年都是靠借新债还旧债，债务余额越来越大。2007 年他向信用社借了 4000元，到期时自己靠打工还了 2000 元，另 2000 元借高利贷，一个月的利息为 20%，他借了一个半月，借时实际拿到的只有 1600 元，一个半月后还了 2000 元。2008 年他从信用社借了 5000 元，通过伊斯兰信用借了 2000 元，最后偿还时，达坂城的朋友马文吉借给了他 6000 元用以归还信用社，马文吉的借款是无息的。2009 年 1 月 23 日，他从信用社借了 5000 元，到 11 月 30 日还，月利率为 7.44‰，用于建房，后又向亲友举借9000 元。现在，马成表的全部债务已经达到 1.6 万元。这是他家 7 口人，只种 6 亩地，养 1 只羊的自给性生产完全不可能偿还的。像马成表这样的债务户在咀头村不在少数。

　　自给性生产造成货币收入的贫困，与不能自足产生的货币需求形成矛盾，商业性家庭畜牧业收入、劳务输出收入和政府补贴，缓解了这个矛盾，而债务的存在及其越滚越大表明，现有的货币收入来源只能是缓解矛盾，而不可能根本消除矛盾。仔细研究不难发现，所有四类货币收入来源都没有根本触动以家庭为单位的自给性农牧业生产方式。首先，四类收入的获得没有打破以家庭为单位的经济组织，养羊是各户养的，补贴是按户发放的，外出打工也是各户自己的事，收入当然也是归各户；其次，四类货币收入都不是变革传统农牧业生产方式的结果，毋宁说是极力维持这种再也维持不下去的生产方式而从其外部获得的输血；最后，四大收入虽然缓解了农民不能自足对货币的需求，但却丝毫没有触动生产的自给性特征。这就是说，咀头村以家庭为单位的自给性农牧业生产方式所产生的贫困，尽管通过商业性家庭畜牧业收入、劳务输出收入和政府补贴而得到缓解，但没有从根本上挖掉贫困的根子，只是从这种生产方式外部寻找到的四大货币收入来源，反而使这种生产方式得以苟延，因而也使贫困得以持续。从贫困根源之外去解决贫困，在全国具有普遍性，所谓"以工补农""以城市援助乡村"，这种脱贫模式充其量只能使贫困得以缓解，因而也得以持续。由于贫困根源未除，贫困得以积累起来，要求到贫困根源之外去获得货币收入的心情也更为急切。当这种外部收入不能持续增加时，债务就会越来越大，当借新债是为还旧债时，债越来越难借，高利贷就有了越来越深厚的土壤，而高利贷将摧毁它依靠的任何一种生产方式。这就是咀头村的贫困生态及其演变的基本趋势。

## 五

自从 2001 年东乡族自治县被确立为国家扶贫工作重点县以来，扶贫开发的成绩是明显的。这在马维纲县长近三年的《政府工作报告》中有较为充分的体现。① 由于乡村两级政府没有独立的财政，在经济发展上缺乏明确的总体规划，尤其村一级，基本是落实各级政府的惠民政策项目。因此，对于咀头村的反贫困政策，只能以东乡县政策为基础，结合从汪集乡和咀头村调查获得的实际材料做一评价。

东乡县和汪集乡的反贫困经济发展政策，总体上是围绕工业化、城市化和市场化展开的，在目标取向上没有问题，问题在于工业化、城市化能否建立在以家庭为单位的自给性农牧业生产方式的基础上。从咀头村发展的实际情况来看，县乡的发展规划并没有触动传统的自给性生产方式，"区域综合开发和项目建设"、"特色产业开发"、"小城镇建设"和"改善民生"的努力，不仅不以改造传统农牧业生产方式为己任，反而是在避开改造这种生产方式的前提下展开的，这样做在逻辑上会有两个结果：一是工业化、城市化取得进展，而传统农牧业仍然统治乡村，造成城乡二元对立发展；

---

① 马维纲：《政府工作报告——2007 年 1 月 21 日在东乡族自治县第十六届人民代表大会第一次会议上》；《政府工作报告——2008 年 2 月 28 日在东乡族自治县第十六届人民代表大会第二次会议上》；《政府工作报告——2009 年 1 月 10 日在东乡族自治县第十六届人民代表大会第三次会议上》。

二是传统农牧业死死拖住工业化与城市化进程，使工业化、城市化难以取得实质上的进展，整个经济面貌呈现为一种贫困生态。咀头村的现实是第二个结果。

对于咀头村来说，以"一区三带"战略为主要内容的区域经济综合开发和项目建设，与以家庭为单位的自给性农牧业生产方式的改造是脱节的。这种脱节一方面使"一区三带"战略的实施效益不能惠及咀头村，另一方面像咀头村这样的自给性农牧业生产方式也不可能为"一区三带"战略实施提供持久的动力。"一区"是指在达坂城建设经济园区，实施了兰亚万吨铝型材、东乡手抓城、肉类绿色食品开发等重点项目，近年来投资力度特别大，2008 年总投资达 6.38 亿元，是开发区自 2001 年成立以来累计完成投资的 2 倍，公共基础设施投资 6000 万元，与前 7 年基础设施投资总量持平。"三带"是指在锁达路沿线，百和、关卜及那勒寺一道川，环刘家峡库区三条经济带，实施道路建设、集镇改造、南阳渠支渠灌溉工程建设、规模养殖场建设、库区水土保持综合治理等。"一区三带"战略的本质是工业化与城市化，战略实施为县城经济发展注入了活力。但不可否认的是，这一战略没有同改造自给性的传统农牧业生产方式结合起来。咀头村位于"三带"的锁达路沿线，达坂城经济园区建设没有给咀头村带来经济结构改造的任何新刺激，如果靠持续投资达坂城园区建设取得该城镇工业化的成功，那只能形成城乡二元结构，先进工业城镇同落后的自给性村庄并立。在这样的格局中，咀头村不可能为达坂城提供多少剩余农产品，也不可能从达坂城获取多少工业品，成为达坂城市场的一部分。达坂城将不能把东乡县广大的乡村作为自己的腹地，只能像整个中国一样，使城市经济发展的市场严重依赖外部。"一区三带"战略如能同自给性农牧业生产方式的改造结合起来，才能够获得持久的推动力，亦将产生拉动整个县域经济的内在力量。

"四大特色产业开发"是面向农牧业的战略，意在培育支柱产业，但这个战略不是立足于农牧业的现代化，而是立足于小农经济。应当说，四大支柱产业的提出是符合东乡县和咀头村实际的，包括洋芋、羊、经济林（花椒、大接杏和酸巴梨）和劳务输出。这四大产业的商品率都普遍高于小麦，如果真正成为支柱产业，是能够为农民货币收入增加发挥作用的。而要成为脱贫的支柱产业必须解决两大课题：一是大幅度提高产量；二是大幅度提高其商品率。问题在于，在自给性的小农经济面前，这两大课题实难解决，让我们仔细考察一下。

大规模提高洋芋的产量需要增加土地、资金和技术投入。从咀头村来看，人均占有土地仅仅 2 亩，且干旱缺水。在自给性生产方式下，生产靠经验，排斥农业技术，贫困的咀头村不可能积累大量的资金投资于洋芋生产。所以，正如汪集乡党委马国龙书记于 2009 年 7 月 26 日上午与调查组座谈时指出的那样，现在基层政府没有财力支持发展，一些口号提出来，得不到落实。洋芋作为支柱产业是口号农业，只要在以家庭为单位的自给性农牧业生产方式没有改造之前，它始终是口号，靠"雨水灌"的洋芋产量不可能持续大幅度提高。至于提高洋芋的商品率更加不可能，洋芋不仅是农民重要的自给性食品（大洋芋），而且是家庭养殖的关键性饲料（育肥用的小洋芋）。咀头村洋芋出售只是由于三种情况：一是大旱年，小麦歉收时，以一部分洋芋交换小麦，以维持自给性消费对面食的需要；二是无羊或少羊户出售一部分剩余洋芋；三是急等用钱又无羊可卖，只能出卖部分洋芋（甚至是大洋芋）。所以，达坂精淀粉厂竣工投产，东乡县农村的自给性生产方式不改造，很难提供洋芋原料，淀粉厂吃不饱，停工待料是可以预见的。即使淀粉厂原料供应充足，恐怕也很难将咀头村作为自己的淀粉销售市场，靠外部市场求生存也是可以预见的。

在以家庭为单位的自给性生产方式中，增加羊的数量很困难。咀头村羊羔的获得有两途径：各户自行繁殖和从市场购买。各户只养母羊，基础母羊一户最多不过 3～4 只，由咀头村饲养场的公羊统一配种。尽管农户喜欢多胎羊，但基础母畜有限，增加接羔数量要靠天意安排。从市场购买羊羔对于个体农户是可以做到的，只要有资金即可（实际上这是个限制因素），但对于全村、全乡和全县来说，从市场购买不能使羊羔总数增加，外购固然是个渠道，但若将养羊作为一个支柱产业来开发，羊羔繁殖毕竟要建立在自力更生的基础上才是可靠的，而家庭自给性的生产方式不能提供这一可靠的基础。饲料是养羊产业的第二个制约因素，麦草的问题不大，关键是洋芋。在家庭自给性生产方式中，羊养得越多，洋芋的商品率必然越低。洋芋的产量受小生产限制，必然进一步限制养羊产业，所以，四大支柱产业中的前两个产业就互相矛盾。此外，如果不改变自给性的生产方式，养羊的附加价值也很低，不可能成为一个增加农民货币收入的有力手段；为了贴补家用而养几只羊，很难成为一个有上下游产品的长价值链产业，更不可能成为支柱产业。

经济林产业的发展在咀头村，只能依靠 30 度以上的坡地，如果靠在梯田上种植或占用有限的平川地会影响农牧业发展用地，除非经济林的价值远远超过小麦和洋芋。在以家庭为单位的自给性生产方式中，经验起着很大的作用，小麦和洋芋种植习惯的养成是千百年来的事情，转种经济林需要资金投入、技术指导和市场流通制度建设。目前咀头村利用国家退耕还林政策每亩还林可获得 100 公斤小麦补贴，但仅靠这点补贴培养经济林支柱产业是不够的。而要咀头村分散的各户解决经济林支柱产业的资金、技术和市场问题，十分困难。经济林从建设到结果出效益需要多年，自然风险和市场风险都很大，小农经济根本无力承担这两种风险，弄不好会给农民造成重大损失。总之，在以家庭为单位的自给性生产方式未得到改造之前，大规模的长期投资事业对于小农来说，难以涉足。

无论从整个东乡县还是从咀头村来说，劳务输出都占有极为重要的地位，实际已经成为支柱产业。现在的任务不过是进一步上规模上水平，东乡县已经提出要像培育"东乡手抓"那样，努力打造"东乡劳务"品牌。前文已经做过分析，东乡劳务之所以成为支柱产业，是自给性农牧业生产方式导致货币收入贫困的必然产物，这是经济规律作用的客观结果。现在要在主观上将东乡劳务作为支柱产业来培育和打造，那等于承认贫困根源的存在而不加以消除，却在这个根源之外另辟创收渠道；不是针对贫困根源釜底抽薪，而是在贫困之旁另起炉灶。2006 年全县输出劳务 6.9 万人（次），创劳务收入 1.3 亿元；2007 年输出劳务 7.5 万人（次），实现劳务收入 2.07 亿元；2008 年输出劳务 6.5 万人（次），实现劳务收入 2.5 亿元。[①] 咀头村缺乏劳务输出统计材料，从入户调查来看，劳务输出是很普遍的，所创造的货币收入成为农民再生产的主要货币来源。但是，东乡劳务输出以出卖苦力为主，廉价劳动力所获得的工资收入有限。由于贫困根源没有消除，贫困的积累要求劳务输出积累，而微薄的工资收入越来越难以弥补日益扩大的货币支出需求，受金融危机和劳务收入增长放慢的影响，农民的债务也积累起来。

所以，四大支柱产业建设对于缓解货币收入贫困有积极意义，但没有触及咀头村贫困的根源，长期来看，并不能使咀头村依靠自身力量脱贫。

"小城镇建设"，主要是以县城和重点小城镇为中心，以项目建设为载体，完善小城镇的基础设施，加强市场建设和商贸楼建设，提高小城镇的综合服务功能。小城镇建设的原则是"政府组织，统一规划，市场运作，规范管理"，资金筹措靠国家投资启动，以社会资金为主导。咀头村所在的汪集被列为重点小城镇，已经编制完成了总体建设规划和建设详规，并按规划实施各类项目建设。咀头村下辖的街道社和咀头社位于汪集小城镇中心地带，上老庄社和李家社距汪集小城镇很近，只有 10 分钟路程。下老庄、胡拉松和对把子 3 个社略远一些，但都在汪集小城镇辐射半径之内。

关于城乡之间的关系有两种类型：一种是自给性的乡村由于不能自足而产生的对市场和城市的需要。在这种城乡关系中，乡村是独立自主的，城市依附于乡村。中国两千多年的乡村小农经济的自给性，使城市成为对自给性乡村的一种补充。中国革命道路以乡村包围城市正是建立在这种城乡关系基础上的。另一种是城市工商业已经完成对乡村自给性农牧业的改造，乡村成为城市工商业的原料产地和市场，农业成为产业的一个部门。在这种城乡关系中，乡村是开放的，不是自给性的，它与城市形成产

---

① 东乡县劳务办：《2008 年劳务工作亮点》，2008 年 11 月 25 日。

业分工，工业装备了农业，农业成为工业和国民经济的基础。发达国家的城乡关系属于第二类。

汪集小城镇建设究竟是承担古代中国城市的角色，还是走现代城市化道路，这是小城镇建设的方向性问题。顺便指出，目前流行的统筹城乡发展是个模糊的概念，没有指明究竟是在何种城乡关系下统筹城乡发展。是保留自主的独立的乡村，以工补农，以城市援助乡村；还是破除自给性的乡村，实现城乡物流、人流、资金流的全面交汇，建立城乡之间的分工和相互促进，是城市化的两条道路选择。和全国许多地方一样，汪集小城镇建设也是单方面强调城镇对乡村的"补"和"援"，这实际上是否定改造像咀头村这样的自给性农牧业生产方式的必要性，维持独立的自给性的乡村，其结果是富裕的寄生的城市和孤立的贫穷的乡村并立，使全面小康社会建设落空。

"改善民生"的政策与措施，主要包括各种惠民利民政策、社会保障制度和帮扶救助措施，旨在解决突出的民生问题。仅以 2008 年为例，救灾救济资金东乡县全县落实了 218 万元，全县纳入农村低保的有 76736 人，发放保障金 3022 万元，纳入农村"五保"供养的有 2660 人，落实供养金 212 万元，群众吃水、行路、住房难的问题得到缓解，危房改造 1431 户，整合资金 891 万元，通过发放退耕还林粮款补助、少生快富奖励资金、库区移民后期扶持资金、粮食直补和农机购置补贴资金、"两免一补"资金，落实城乡低保、农村合作医疗、扶贫开发和产业开发补助等各项惠民政策，2008 年共发放落实惠民资金 1.4 亿元，促进了农民增收。①

咀头村农民也广泛享受到了上述惠民利民政策，在各种保障和救助项目补贴中获得了为数可观的货币收入。问题不在于惠民利民政策和各种保障与救助措施是否发挥了增收的作用，而在于为什么咀头村需要这么大的外部货币流的注入，这种注入究竟是有利于还是不利于咀头村的自主脱贫和长远发展。我们认为，正是咀头村内部贫困的根源未予消除，才需要外部货币流持续不断地、越来越大地注入，内部贫困的积累越快，需要从外部注入的货币就越多，否则就不能使咀头村农民实现自身的生产与再生产。这种状况其实在藏区和维吾尔族聚居区同样存在。当政府将各种惠民利民政策当作自己的政绩写进工作报告时，改造自给性的传统农牧业生产方式的历史性任务就落在视域之外。咀头村内部是以分散的农户存在的，各种惠民利民政策和补贴项目必然面对各户，而不能将项目资金整合起来加以运用。有时这种利民政策会因此走向反面而成为坑农的政策。下老庄社社长马成表见危旧房改造项目可获得临夏州财政补贴 4000 元，就决定建房，但这 4000 元仅是补贴，为了把房建起来，他又贷款了 5000 元，

---

① 马维纲：《政府工作报告——2009 年 1 月 10 日在东乡族自治县第十六届人民代表大会第三次会议上》。

还向亲友借了 9000 元，总债务达到历史新高，而此前他已经靠借新债还旧债了。

我们从"一区三带"区域经济开发战略、四大特色产业发展战略、小城镇建设以及改善民生政策四个方面，对咀头村脱贫战略和政策做出了评价。尽管这些战略和政策能够缓解咀头村的贫困，但由于没有同造成贫困的家庭自给性生产方式的改造结合起来，不仅不能根本消除贫困，而且实施效果会大打折扣，甚至走向反面，其最好的结果也只能是加深城乡对立。

## 六

我们认为，只有根本改造以家庭为单位的自给性农牧业生产方式，代之以工业生产方式和市场化的农牧业生产方式，以合作社代替家庭作为基本经济组织，才能使咀头村根本摆脱货币型贫困，并走上自主性的经济发展道路。

以手工劳动为基础，依赖经验积累的传统农牧业生产方式必须改造。农牧业是以动植物为劳动对象的，对这种生产方式的改造包括两大部分：一是建立工业生产方式，二是改造传统农牧业。在植物的栽培和动物的饲养过程中，自然起作用的时间尽管在农业中可以通过化肥，在牧业中可以通过催肥加以缩短，但要决定性地缩短尚不可能；而工业生产中，自然起作用的时间被压缩到不具有决定意义的地位，劳动时间基本接近于生产时间，除个别行业外，劳动一结束，产品就获得了，流水线出来的产品不同于农产品在于前者无须等到秋天。不过，对于农牧业生产中，种子、化肥、农具、农畜产品加工等环节，用现代工业生产方式取代传统的自给性家庭手工劳动生产方式是完全可能的；对于传统农牧业生产的许多环节，亦可借助现代工业文明成果进行改造。例如，咀头村的干旱是影响农业收成的重要气候因子，可以采用喷灌和滴灌技术加以解决。生产方式的根本变革将为咀头村财富价值的增加奠定基础，工业生产方式变经验技术基础为现代科学，提升了劳动的复杂程度，大规模生产增加了劳动投入量，农畜产品的深度加工开辟了劳动新领域，各种涉农行业被并入农牧业，所有这一切必将增加咀头村创造的价值量，这是立足于咀头村内部的脱贫之路。

生产方式的变革还打破了咀头村内部自给性的封闭的循环流转，为咀头村农民社会性的发展创造了条件。人的本质是社会关系的总和，人的发展建立在社会关系丰富的基础上。工业生产方式将大量劳动集中于某一种产品的生产，这是因为只有以一定的人口集聚和分工的发展，才能造成生产过程劳动操作的简单化，才能引入现代工业生产。这样一来，个体劳动者必须以结合劳动力的形式才能使生产实际进行。细致的分工使劳动者多样性需要只能通过交换方能满足。咀头村内部生产的自给性一经工业生产方式的引入而归于解体，这种分工和社会需要的发展在内部和外部必然引起交往的急剧扩大，东乡族语言和文字必然产生新的发展动力，内部市场将逐步形成，外部市场的拓展将越来越远。市场和城市再也不是维持乡村内部自给但不能自足的经济生活的补充手段，而成为咀头村内部工业生产方式不可缺少的一部分，真正意义上的统筹城乡发展的时代才能到来。

不过，我们必须考虑到，以村为单位开启一个独立的工业化、城市化和市场化的过程是不可能的，甚至以乡为单位也是困难的，至少应该是以州县为单位。我们的思路正是从这个层面提出来的，但咀头村内部的变革不可缺少，达坂精淀粉厂的洋芋加工能力的设计，不单纯是这个厂自身的问题，而且是与咀头这样的许多村的内部生产方式的变革和自给性生产是否消除紧紧联系在一起的。工业化与城市化充满了工农矛盾和城乡矛盾，这些矛盾在特定时期的解决需要特定的地域空间，咀头村生产方式的改造将随着地域空间的变化，在内容和形式上、在交往的丰富性上不断充实。

家庭经济组织必须被合作经济组织所取代。自给性农牧业生产的简单性是家庭经济组织存在的条件，工业生产方式的引入必然打破家庭经济组织，呼唤新的经济组织。从现实出发，资本制的工厂和农场、股份制的工厂和农场、股份合作制的工厂和农场最有可能取代家庭作为基本经济组织，但是这些经济组织在性质上是资本制，即使咀头村财富增加了，货币收入增加了，在资本制下是不可能真正富民的，只能是两极分化，富了资本家和农场主，穷了东乡族普通农民。所以，我们主张以社会主义性质的合作经济组织去改造咀头村的家庭经济组织。

无论是生产方式的变革还是经济关系的变革都需要一定的条件。这些条件包括村内村外两个方面，内部条件最为重要的是要形成能够带领群众发展合作经济的领头人，而在其外部则需要国内经济政治条件的根本改变。家庭承包经营制是当前党和政府在农村的核心政策，如果没有党的政策调整，发展合作经济组织取代家庭经济组织是违反政策的；各项惠农政策补贴的对象也是农户，如危旧房改造补贴资金只能给到户，如果综合利用则是违规行为。所以，咀头村根本脱贫，走上社会主义工业化与城市化道路，尚需获得这些相应的历史条件。

争　鸣

# 新政治经济学的供需均衡模型新解

## ——从"18亿亩耕地红线"之争看劳动价值论与交易成本论的分歧和统一

**摘 要** 茅于轼教授和陈平教授就政治经济学基本问题，也就是价值的本源问题发生了争论。为澄清双方的争论，本文构建了一个描述产业结构、需求结构和供需均衡的关系的简单数学模型，从而为正在研讨基本经济理论问题的新政治经济学，找到一个"着手点"。这一简单的数学模型，还能为进一步探讨经济学的三大成就的统一：马克思的劳动价值论、科斯的交易成本理论和新古典经济学的索洛模型的统一，提供新的可能。最后，本文又利用这一模型，清晰地显示出茅于轼反对劳动创造价值学说、反对制定18亿亩耕地红线理论的荒谬。

**关键词** 新政治经济学 马克思劳动价值论 科斯交易成本理论 索洛模型 普里戈金耗散结构学说 茅陈之争

## 一 茅于轼教授和陈平教授有哪些原则上的"分歧"？

### （一）

在网上读到陈平教授和茅于轼教授就经济学基本问题，也就是价值的本源问题展开的激烈争论。在2014年第1期的《学术界》，又读到包括茅于轼、陈平教授和许多学者就科斯的学术思想、理论评价的许多不同意见。

两位教授的分歧是：茅于轼全盘肯定科斯所提出的"交易费用是生产价格的成本"[1]；而陈平却认为茅于轼不了解"科斯交易成本理论的局限"。[2] 陈平认为，"科斯注意的真实世界，是没有创新竞争的世界"。[3] 科斯倡导的"制度经济学把交易作为经济分析的基本单位"，而"单位交易不是实体"。所以，新制度经济学的故事，越讲越虚拟化。[4]

---

[1] 茅于轼：《交易费用是生产价格的成本》，《学术界》2014年第1期，第5页。
[2] 陈平：《科斯问题和普里戈金视角》，《学术界》2014年第1期，第29页。
[3] 陈平：《科斯问题和普里戈金视角》，《学术界》2014年第1期，第33页。
[4] 陈平：《科斯问题和普里戈金视角》，《学术界》2014年第1期，第34页。

（二）

陈平教授在《科斯问题和普里戈金视角》一文中写道："为什么我一开始读科斯的企业理论就不能接受？因为科斯说企业的本质是节省交易成本，其隐含的假设是所有工业品都可以在市场上买到，差别只有价格或成本"。而"我在科学院做实验，西方市场上连普通的示波器都不许卖给中国……今天西方仍然对中国禁运高科技的核心技术"。事实上"中国人做原子弹的成本只有美国人的百分之一"。陈平教授还说，"我的疑问和曹正汉也是相通的：难道科学家和企业家的创造才能也能在市场上买来"？①

（三）

茅于轼当然十分认同科斯所做出的杰出的贡献，"交易费用是生产价格的一个成本"。问题是，科斯仅仅将"交易费用"作为生产价格的"一个"成本，而茅于轼却泛化为"交易费用是生产价格的成本"。两者的差别，在于茅于轼去掉了"一个"二字。

茅于轼说："我这里特别要强调价格有什么用场，我们这里所说的**价格不是劳动价格**，跟那个毫无关系，我们所说的价格是供需均衡的价格，一个东西供不应求就会涨价，涨价以后供给增加，需求减少，供不应求就没有了，变成供求均衡了。反过来，是供过于求就会落价，所以当一切商品价格都调整到供需均衡的时候，产生了一个飞跃，这个飞跃就是一般均衡。一般均衡的意思就是所有的价格都使得供需达到均衡，这个时候你拿钱一定能买到东西，你有东西一定能卖成钱，这一点非常、非常、非常重要。我们在超市可以买粮食，可以买牙膏，为什么你能买粮食、能买牙膏？供需均衡定价，**买到粮食是供需均衡定价的结果，不是 18 亿亩耕地保护的结果**。供需均衡保证我们钱能买到东西，你的东西能卖成钱。**你说买粮食是 18 亿亩耕地保护了，那买牙膏是靠什么保障的？好几千种商品，有好几千条红线吗？**一条都没有。就是供需均衡定价产生了一般均衡。这个时候，在一般均衡的价格上，钱能买任何一样东西。"

茅于轼还说，"GDP 可以计算的前提是有一般均衡，是所有商品都能够拿钱买得到，不需要票证，不需要审批，没有身份的限制，完全自由的交换，钱能买到东西，东西能变成钱。于是，你所有的东西都放在同一个尺度上做比较，这个尺度就是价格，**这个价格是交换形成的供需均衡价格，跟劳动价格没关系的**"。

"这个道理清楚不清楚？我觉得挺清楚的，可是不见得每个人都懂，**我猜想我们的同学 80％ 都认为为了粮食安全需要一条红线，我们国家制定政策的人也是这么规定的**，

---

① 陈平：《科斯问题和普里戈金视角》，《学术界》2014 年第 1 期，第 33～34 页。

很可惜他们并不真正懂得经济学。在座的各位同学，我想你们把这个问题想清楚了，你们在经济学上就入了门了。"[①]

"由于有了一般均衡价格，我们可以比较各式各样的可交换商品的价格。特别是可以比较一个企业生产是创造财富还是消灭财富。……改革以前**很多劳动是消灭财富**的，因为他没有一般均衡，没有一个合理的价格，他一切决策全都错了。他不知道一个商品该进口还是该出口，进出口完全是混乱的，整个社会全部是陷入了巨大的混乱，因为没有一个一般均衡价格。所以讲价格是非常重要的，而产生价格是通过交易产生的，而交易是有成本的，这个成本就是交易成本。"

（四）

在这里所引茅教授不算很长的论述中，茅教授先后有三次批评劳动价值学说，认为价格和劳动没有关系，甚而认为劳动是消灭财富！茅教授也有三次谈到"18 亿亩耕地红线"，并认为那些"为了粮食安全需要一条红线"的人们，"并不真正懂得经济学"。

我也是"不懂得"的人群之一。在读了"茅、陈之争"之后，我恍然大悟，原来茅教授之所以坚持反对"18 亿亩耕地红线"，原因是他"真正"懂得了科斯，"真正"懂得科斯所说的"供需均衡决定价格"。而陈教授更看重的是"资源和产权的空间多样的演化理论"，是普里戈金讲的"从无序到有序"，"从原来没有的状态到产生新的结构"。[②] 而我却是赞成陈平教授的！因为世界经济也确实正在不断产生新的结构，产生资源利用、开发的多样性，同时也就产生产权结构的多样性。"事实胜于雄辩"！世界经济已经由第一产业，走向第二、第三产业也许还有第四产业。而我也真正领悟到：毛病就出在茅教授所懂得的经济学，不仅仅是反对劳动创造价值的经济学，更是一种片面的、脱离中国真实情况的经济学！

下面提供一个既可以讨论如何分析市场交易，又可以讨论劳动结构或经济结构，并"共同"决定均衡价格的**最简单的数学模型**。

## 二 我们能否由供给曲线和需求曲线的"交会"，用"数学"模型将多样化的结构，真正"演示"出来？

（一）

在市场经济学的教科书里，通常用供给曲线和需求曲线描述市场价格的涨落，用"交会点"，也就是"均衡点"描述"均衡价格"。在教科书里，还常常给出如下的示

---

① 茅于轼：《交易费用是生产价格的成本》，《学术界》2014 年第 1 期，第 5 ~ 6 页。

② 陈平：《科斯问题和普里戈金视角》，《学术界》2014 年第 1 期，第 32 页。

意图（见图 1）。

　　图 1 中纵轴 $P$ 代表商品的市场价格（Price），而横轴 $Q$ 代表商品的交易数量（Quantity）；直线 $D$ 代表需求（Demand），直线 $S$ 代表供给（Supply）；而交会点 $E$ 代表均衡点（Equilibrium）。当然，这两根直线之所以会出现"均衡点"，是来自市场的不同"力量"的完全的自由竞争。按照萨缪尔森的说法，亦即"没有一家企业或一位消费者足以影响整个市场的价格"。[①]

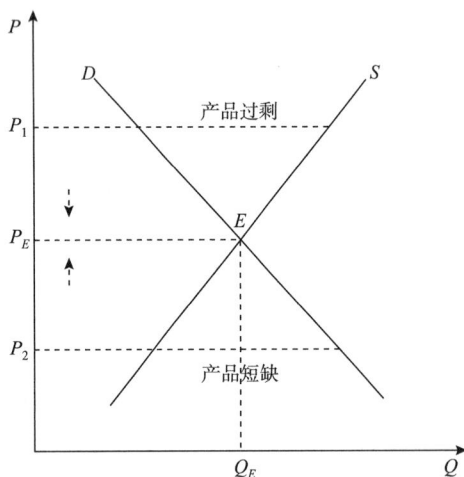

图 1　均衡价格的决定

**（二）**

　　在一个完全竞争的市场中，市场机制将会使商品的需求量 $Q_D$、$Q_S$ 和供给量 $P_D$、$P_S$ 沿着需求曲线和供给曲线的斜率变动。在"直线"近似的情况下，这两根直线可表示为下列的联立方程式：

$$Q_D = -P_D \cdot n + a_D \qquad (2-1)$$

$$P_S = Q_S \cdot m + b_S \qquad (2-2)$$

　　式（2-1）和（2-2）中的 $n$ 和 $m$ 即是市场经济学教科书里常用的斜率。但这里所写的联立方程式与经济学教科书里所写的公式有一点小差别：更明显地"标出"这两根直线分别在 $P$ 轴和 $Q$ 轴上的"截距"；从而更便于讨论"截距"所代表的"物理"。因而也就更便于讨论陈平教授所说的产业结构的多样化；同时也更便于讨论需求结构以及不同发展阶段的市场经济国家在需求结构上的多样化。由于图 1 只是一个示意图；而现在为了更明显地给出式（2-1）和式（2-2）中的截距，可将图 1 改绘成

　　────────────

　　① 保罗·萨缪尔森、威廉·诺德豪斯：《经济学》，人民邮电出版社，2005，第 31 页。

下列形式，见图 2。

图 2 中的 $m$、$n$，代表供需竞争的两根直线方程（2－1）、（2－2）的斜率；在一般情况下，有 $m \geq 0$，并有 $n \geq 0$。只在特殊情况下，才会"反常"地超出所适用的范围。

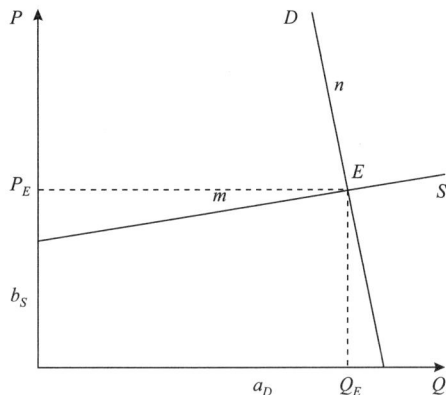

**图 2 比较接近真实变动趋势的示意**

（三）

$P$ 轴上的截距 $b_S$，反映了生产者所愿出售产品的最低售价，也可以是"生产成本＋利润"，也可以是没有利润的纯生产成本，并且有 $b_s \geq 0$。显然，生产者只会在极特殊的情况下，才会以低于其成本的价格，抛售其所生产的产品；而如果市场一旦只愿以低于其生产成本的价格接受所生产的产品，生产者必定停止生产。

在图 2 中明确地给出截距 $b_S$，有一个极大的好处，那就是可以通过对 $b_S$ 值的分析，弄清楚各类企业不同成本的结构，以及价值的构成等问题。在古典经济学里，认为 $b_S$ 是"成本价格＋利润"，或"成本价格＋超额利润"。[①] 从马克思主义的古典政治经济学来看，认为 $b_s$ 由不变资本 $C$、可变资本 $V$、剩余价值 $M_J$ 所构成，也就是说产品的（交换）价值 $W_J = C + V + M$，而 $b_s = W_J/Q_S$，$Q_S$ 即图 2 里产品的产出数量。[②] 在新提出的正在研究中的新政治经济学里，就会认为古典政治经济学里的剩余价值 $M_J$，最好改为剩余使用价值 $M_S$，而按照新提出的"科技×劳动"创造剩余使用价值 $M_S$ 的新理论，就有 $W_S = M_S + C + V$，并有 $W_S = N_S \cdot W_J$，$N_S$ 是科技效率因子，也就是新古典主义经济学的索洛模型（Solow Model）中描述科技进步的参数 $A$。在新政治经济

① 《资本论》第三卷，人民出版社，2004，第 44、第 221 页。
② 《资本论》第三卷，人民出版社，2004，第 30 页。

学里，$b_s = W_s / Q_s$。可参见《马克思主义政治经济学也要"与时俱进"》（上）、（下）[①]、《必须将"科技×劳动"创造使用价值的思想引入新劳动价值论的探索和研究》[②] 和《必须将科技进步引入马克思主义政治经济学的定量的研究》[③] 等文中的有关论述。总之，有了截距 $b_s$，就可以明显地看出生产劳动以及科技进步对均衡价格的影响。

（四）

图 2 轴上的截距 $a_D$，反映了市场上购买者愿意购进的最大购买量。在市场经济学里，有不少学者往往认为消费者有无限大的购买欲望。其实，需求量要受到市场容量的有限性，亦即购买人群的有限性、购买力的有限性等因素影响形成的饱和消费容量的限制。所以，图 2 中的截距，最大购买量 $a_D$，必定是有限值，并恒有 $a_D \geq 0$。

在图 2 上明确标出截距 $a_D$，在讨论各种现实的经济问题时，也有一个大好处。那就是通过对 $a_D$ 的分析，可以深入探讨何谓发挥市场在资源配置中的决定性作用，可以更加注意如何完善既有市场、开拓新兴市场，可以定量地分析各不同发展阶段上的各类商品的市场需求以及需求结构，可以"预先"估计产品可能在市场上占有多大份额，可以定量描述何谓"供大于求"何谓"求大于供"等错综复杂的问题；也更便于人们理解为什么在市场经济中会经常出现生产过剩、就业偏低等怪现象；反过来也便于人们深入理解为什么在计划经济里会出现经济短缺、效益低下等不良经济效果。

（五）

在供求达到均衡条件时，将出现均衡值。有均衡价格 $Q_E$，并有 $Q_D = Q_S = Q_E$；还有均衡数量 $P_E$，并有 $P_S = P_D = P_E$。其具体数值是：

$$Q_E = \frac{a_D - nb_s}{1 + mn} = \frac{a_D \left(1 - n\frac{b_s}{a_D}\right)}{1 + mn} = a_D \cdot M_E \qquad (2-3)$$

$$P_E = \frac{b_s + ma_D}{1 + mn} = \frac{b_s \left(1 + m\frac{a_D}{b_s}\right)}{1 + mn} = b_s \cdot N_E \qquad (2-4)$$

---

[①] 见《马克思主义政治经济学也要"与时俱进"》（上），《学术界》2013 年第 7 期，第 5 页；何祚庥：《马克思主义政治经济学也要"与时俱进"》（下），《学术界》2013 年第 8 期，第 5 页。

[②] 见《必须将"科技×劳动"创造使用价值的思想引入新劳动价值论的探索和研究》，《政治经济学评论》2004 年第 1 期，第 72 页。

[③] 见《必须将科技进步引入马克思主义政治经济学的定量的研究》，《江西财经大学学报》2014 年第 2 期，第 5 页。

但这里新引进了两个"经济量",市场实现比值 $M_E$ 和价格交易放大因子 $N_E$：

$$M_E = \frac{Q_E}{a_D} = \frac{1 - n\dfrac{b_s}{a_D}}{1 + mn} \qquad (2-5)$$

$$N_E = \frac{P_E}{b_s} = \frac{1 + m\dfrac{a_D}{b_s}}{1 + mn} \qquad (2-6)$$

有兴趣的是,虽然式(2-3)、式(2-4)、式(2-5)、式(2-6)只是最简单的由 4 个参数 $m$、$n$、$b_s$、$a_D$ 所决定的两根直线的相交解,但却比市场经济学里的边际效用模型包含着待发掘的更丰富的经济内涵。

（六）

首先是这一简单经济模型能将市场经济学里所强调的需要区分的两种变动,亦即"需求量"和"供给量"的滑动和"需求"和"供给"的移动,统一在"完全"的数学解答之中。

在市场经济学的研究里,经济学家们经常用"图"和"数",来表现经济"现象"和经济"数量"之间的关系。萨缪尔森和诺德豪斯合写的第 18 版《经济学》就强调需用"两类"图形分别表示"滑动"和"移动"。如图 1 中沿两根直线上的"滑动",亦即沿斜率为 $m$、$n$ 的线的"滑动",表示"需求量"和"供给量"的变动。也常用一组曲线的"整体""移动",通常是用形状相同的曲线做"平行"移动,来表示"需求"和"供给"的变动。容易看出,这类"平行"移动,也就是截距 $b_s$ 和 $a_D$ 的数值大小有所变化。

在萨缪尔森和诺德豪斯合写的第 18 版《经济学》的第 43 页上有一个"小方格",特别警示人们要注意区分"需求"的移动和"需求量"的滑动："切勿混淆沿着曲线的滑动和曲线的移动。必须注意,不要把需求的变化(表现为需求曲线的移动)与需求量的变化(表现在价格变化之后,需求量在同一条需求曲线上滑动到不同的点)相混淆。当影响需求曲线的一种因素发生变化时,需求会发生变化。……但是,购买量的增加并不来源于需求的增加,而是来源于价格的下降。这一变化体现为沿着需求曲线的滑动,而不是需求曲线本身的移动。沿着需求曲线滑动意味着价格变动时其他条件保持不变。"[1]

其实,就图和数的关系来说,完全可用一个公式来表现多种图形的组合。萨缪尔森再三警诫人们,要注意区分供给量、需求量的改变和供给、需求的改变,这是

---

[1] 保罗·萨缪尔森、威廉·诺德豪斯:《经济学》,人民邮电出版社,2005,第 18 版,第 31 页。

两种性质不同的改变。而显然，式（2-3）、式（2-4）以及式（2-5）、式（2-6）中的 $m$、$n$ 表示供给量和需求量沿斜率 $m$、$n$ 改变，而 $b_S$、$a_D$ 却表示供给和需求可以做平行移动的改变。人们在探讨供给量和需求量的变动，以及由于多样化的供给和需求结构的变动，从而形成均衡数量 $Q_E$ 和均衡价格 $P_E$ 时，完全可用 4 个参数统一进行探讨。

市场经济学之所以还必须讨论产业结构、产权结构的多样化，就在于"均衡点"不仅仅由供给量和需求量的变化所决定，还要由供给和需求的变化所决定；或者说，"均衡点"至少要取决于 4 个参数，$m$、$n$、$b_S$、$a_D$ 的排列组合，以及它们的相互影响所带来的种种错综复杂的变化。茅于轼所提出的许多经济主张之所以错误，就在于他所懂得的经济学，是只强调需求量和供给量沿斜率 $m$、$n$ 而变动的、只讲边际效用的经济学。而这是一种不考察宏观、整体情况的，不分析供给和需求结构变动的，只适用于狭小范围或短期行为的，片面或表面的经济学。

（七）

举一个例子。如上述引文所示，茅于轼在一篇还不到 2000 字的短文中，就有三次批评劳动价值学说，认为"价格和劳动没有关系，甚而劳动还会消灭财富"。而实际上，式（2-3）、式（2-4）、式（2-5）、式（2-6），却完全包含有劳动价值学说。

容易看出，虽然在理论上，$m$、$n$ 均可以是数值很大的正值，但在实际生活中，特别是社会政治经济处于物价变动较慢、社会平稳发展时期时，$m$ 和 $n$ 均比 1 小很多，而且往往接近于 0。而因此，式（2-3）和式（2-4）可简化为

$$Q_E \cong a_D \qquad\qquad (2-7)$$

$$P_E \cong b_S \qquad\qquad (2-8)$$

也就是当社会经济处于"简单商品经济"，或"静态"发展时期时，均衡点所给出的均衡数量 $a_D$，即是某一特定时期的社会形成的市场所能容纳的最大购买量；而均衡点给出的均衡价格 $b_S$，其实就是生产商品的**使用价值**的生产成本，也就是马克思所说"相当于生产它们所**必需的劳动量**"，或"商品的**价值**"。或者说，商品在均衡点上的市场售价，或衡量商品的使用价值的尺度，是劳动量。公式（2-8）所描绘的"经济学"，是

$$\text{单位商品使用价值 } P_E = \text{单位商品（交换）价值 } b_S \qquad\qquad (2-8')$$

所表示的"经济学"。

再说得准确一些，这里的 $P_E = b_S$，也就是亚当·斯密在《国富论》里所首先倡导

的，可"选择劳动表示作为商品价值的单位"的劳动价值学说。只不过亚当·斯密认为，这仅是适用于"田园经济"时期或"早期原始社会状态"的一种学说。在劳动生产率发生缓慢变动的条件下，式（2-7）、式（2-8）所表示的劳动价值论，就只能是一个"近似"的模型。（参见亚当·斯密《国富论》，胡长明译，江苏人民出版社，2011，第 17 页）**然而劳动价值论其实还能推广到更广阔的适用范围。亚当·斯密的这些说法，并不十分准确。**

（八）

原因是式（2-1）～式（2-6）中的 $b_S$、$a_D$、$m$、$n$ 等参数，在某一特定市场上，某一特定时期内，完全有可能是相对不变的常数。例如，在社会经济结构缓慢变化的情况下，如在欧洲曾出现的早期资本主义经济，或处于半封建半殖民地的，仅有约 10% 的资本主义成分的旧中国的社会经济，式（2-5）和（2-6）中的 $m$、$n$、$b_S$、$a_D$ 以及 $M_E$ 和 $N_E$，实际上均是相对不变的常数。

这时，式（2-8）中的使用价值 $P_E$ 与用古典经济学里的"相当于生产它们所必需的劳动量"的（交换）价值 $b_S$ 的比值 $N_E$，虽然可以显著地偏离式（2-8），亦即有 $N_E > 1$。但如果在相当长的时期内，$N_E$ 能稳定地恒有 $N_E$ 等于某一常数值，亦即这里将有

$$P_E = b_S \cdot N_E = b_S \cdot 常数 \qquad (2-4')$$

而由于式（2-4'）中的 $b_S$ 仍是上文所说"相当于生产它们所必需的劳动量"，因而人们将完全可用物理学里常用的"重正化"的手续，将 $N_E$ 的数值吸收到用"劳动"来计量的 $b_S$ 的**计量单位**之中，从而再次得到马克思所假定的

$$单位商品使用价值 P_E = 单位商品（交换）价值 b_S \qquad (2-8'')$$

的等式。而因此，这一新的**归一**，表明劳动价值论不仅可用于亚当·斯密所说的"田园时期"，而且完全可推而广之，应用到变动不太迅速的"早期"资本主义社会。

但在社会经济结构变动比较激烈的时期，各不同生产领域 $i$ 里的 $N_E^i$ 的数值，不可能长期保持不变。所以，上述所谓"归一"或"重正"的手续，就只能做到部分的"重正"和"归一"。然而，在一般情况下，由市场涨落形成的均方根的偏差往往会大于 $(N_E - 1)$ 的数值。在 $(N_E - 1)$ 的数值小于涨落形成的均方根的偏差的条件下，将 $N_E$ 吸收到 $b_S$ 里实行"归一"，即使在"中期资本主义社会"，对 $(N_E - 1)$ 实行"重正"，也可以认为式（2-8''）仍是好的"近似"。所以式（2-8''）还有更广阔的适用范围。

（九）

再举一个例子。式（2-1）～式（2-6），其实还包括科斯提出的交易成本理论框

架，还能为"交易费用是生产价格的一个成本"的说法做新的解读。

容易看出，这一"交会解"是由 4 个参数 $m$、$n$、$b_S$、$a_D$，亦即不是仅仅由斜率 $m$ 和 $n$，而是还要加上生产成本 $b_S$ 和最大需求量 $a_D$ 的数值后，才能共同决定的均衡数量 $Q_E$、均衡价格 $P_E$。而显然，当人们在探讨均衡数量 $Q_E$ 和均衡价格 $P_E$ 将由哪些因素决定时，就再不能如茅于轼所说的，仅仅还原为"一个东西供不应求就会决定涨价，涨价以后供给增加，需求减少，而反过来，是供过于求就会落价……"；也不能说均衡价格是仅由"供需均衡决定的价格"。因为这里是由 4 个参数，包括生产成本 $b_S$ 和最大需求量 $a_D$，共同决定的"均衡解"。

而同样，均衡数量也不是仅"当一切商品价格都调整到供需均衡的时候"，就能"产生了一个飞跃"；也不可能有了"这个飞跃"，在"这个时候你拿钱一定能买到东西，你有东西一定能卖成钱"。市场经济是可以出现一致均衡状态的，但市场经济所出现的一致均衡，并不能简单地还原为仅仅由斜率 $m$、$n$ 决定的"供需均衡"。真实市场经济里的均衡数量，还决定于产业结构，需求结构的数量、质量的多样化。茅于轼所谈的"供需均衡定价必然产生了一般均衡"，而"这个时候，在一般均衡的价格上，钱能买任何一种一样东西"完全是对供需均衡理论的误解、曲解！

（十）

容易看出，式（2-3）、式（2-4）、式（2-5）、式（2-6）所决定的均衡量 $Q_E$ 和均衡价 $P_E$，其实均要由 4 个物理量 $m$、$n$、$b_S$、$a_D$ 所构成。式（2-3）所表示的均衡量 $Q_E = a_D \cdot M_E$，其中 $a_D$ 是市场所能容纳的最大需求量，而 $M_E = \left(1 - n\dfrac{b_S}{a_D}\right) / (1 + mn)$。由于式（2-3）中的 $m$、$n$、$b_S$、$a_D$ 均是正值，所以必有 $M_E \leq 1$。$M_E$ 反映的"物理"，是市场上实现的均衡量 $Q_E$，必定是最大需求量 $a_D$ 乘以一个"小于1"的无量纲的相对比值 $M_E$。均衡数 $Q_E$ 取决于两个因素：一个因素是有需求，其最大的需求量是 $a_D$；另一个因素是供给，其最低售价是 $b_S$。而实际实现的 $M_E$ 的大小，当然还要取决于茅于轼所说"谈判"。但是，"谈判"有"底线"！其"底线"即是 $a_D$ 和 $b_S$，可以将有效交易量 $Q_E$ 和最大需求量 $a_D$ 的比值 $M_E$ 称为市场实现因子 $M_E$。

（十一）

式（2-4）表示的是另一组物理量，也就是均衡价 $P_E = b_S \cdot N_E$，其中 $b_S$ 是企业出售产品的最低售价。在完全自由竞争的市场中，企业决定出售的"最低售价 $b_S$ = 生产成本 + 平均利润"，在垄断市场或半垄断市场中，强势垄断企业会要求"最低售价 $b_S$ = 生产成本 + 垄断利润"，而 $N_E = \left(1 + m\dfrac{a_D}{b_S}\right) / (1 + nm)$。在 $m$、$n$、$b_S$、$a_D$ 为正值的条件下，可以普遍地证明必有 $N_E \geq 1$。由于这一证明较长，这里不再给出。容易看出，$N_E$

反映了均衡价格和最低售价的相对比值。市场所实现的供求均衡，必定是 $N_E$ 大于 1 的均衡。

而为什么市场实现的成交价格必有 $N_E \geqslant 1$？一个最合理的解释是，市场交易是要计入成本的。这里要计入商品的储存、保管、运输、谈判、收款、记账等商业劳动。当然也应计入陈平所说"企业可以打广告促销，提升价值空间"所耗费的获取传播信息等商业劳动；也许还要"乘"以营销人员发现产品的使用价值的放大因子等发明创造。如果说按照科斯的说法，"交易费用是形成价格的一个成本"的话，那么交易费用或"交易成本 + 交易利润" $b_E$ 就可以量化为

$$b_E = b_S \cdot (N_E - 1) \tag{2-9}$$

而"生产费用 + 交易费用"即是市场上的均衡价格 $Q_E$，并有

$$Q_E = b_S + b_E = b_S \cdot N_E \tag{2-10}$$

容易看出，均衡价或市场平均成交价，既包括"发现、利用价格"的交易成本 $b_E$，又包括"产业、创造价值"的生产成本 $b_S$。所以，科斯说"交易费用是形成价格的一个成本"，这是对的。茅于轼说，"交易费用是生产价格的成本"，是错的。茅于轼不仅删去"一个"二字，而且把"交易"等同于"生产"！

（十二）

在本文第二节第"（三）"部分的讨论中，还曾指出，式（2-9）中的 $b_S$，完全可以容纳正在研究中的新政治经济理论所引进的狭义科技效率因子 $N_S$，也就是索洛模型中的 $A$。而既然上述简单的研究已表明（交换）价值转化为使用价值时，还要乘上一个偏离于 1 的 $N_E$，也就是将有

$$使用价值 = （交换）价值 \cdot N_E \tag{2-4''}$$

那么在今后的研究中，如果人们需要进一步讨论科技进步对劳动生产率产生的巨大影响时，完全可将"使用价值 = （交换）价值 $\cdot N_E$"的式（2-4″），扩展为再乘以一个狭义科技效率因子 $N_S$，也就是进一步将式（2-4″）扩展为

$$使用价值 W_S = （交换）价值 W_J \cdot 广义科技效率因子 N \tag{2-11}$$

并有广义科技效率因子

$$N = N_S \cdot N_E \tag{2-12}$$

有兴趣的是，现在建构的这一"线性"模型，已经可以演示出我们在《马克思主义政治经济学也要"与时俱进"》、《必须将"科技×劳动"创造使用价值的思想引入

新劳动价值论的探索和研究》和《必须将科技进步引入马克思主义政治经济学的定量的研究》等文章中，引入 $W_s = W_J \cdot N$ 的"尝试"的合理性；而在今后，将构建若干略为复杂一些的模型，对这一问题做更深入的讨论。

（十三）

式（2-1）~式（2-6）所描绘"均衡解"，虽然只是极简单的由两根"直线"决定的"均衡解"，但却有望将经济学的三大成就：马克思的**劳动价值学说**、新古典主义经济学描述科技进步的**索洛模型**、科斯的**交易成本理论**，均综合在**统一的新政治经济学的理论模型**里。更有兴趣的是，由于这一新的"综合"，将既包含剩余价值论，又包含制度经济学，还将为超越实证分析和规范分析的割裂，为探讨实证经济学和规范经济学的统一，提供新的可能。①

下面将用这一明确引进截距 $b_s$ 和 $a_D$ 后的"着手点"或"入手点"来讨论有极大争议的所谓"18 亿亩耕地红线"的问题。

## 三 一个应用：为什么多年研究经济学的茅于轼教授，会弄出"反对18 亿亩耕地红线"的大笑话！

（一）

正如我们在《生产价格仅是供求均衡所决定的吗?》一文中所指出的，茅于轼在一篇长度还不到 2000 字的短文《交易费用是生产价格的成本》中，一而再，再而三地反对"为了粮食安全"而制定的"18 亿亩耕地红线"。他甚而批评那些不支持"这一主张"的人，包括"在座同学的 80%"，包括"国家制定政策的人""并不真正懂得经济学"。不过，从现在正在研讨中的新政治经济物理学看来，很可能"不真正懂得经济学的人"，恰好是茅于轼教授！

为说明这一新提出的数学模型在探讨实际问题时的有效性，下面将从待发表的《生产价格仅是供求均衡所决定的吗?》一文里摘出若干段落，再次表明为什么必须划定"18 亿亩耕地红线"。

（二）

市场交易会出现价格的涨落。"供不应求就会涨价"，"供过于求就会落价"。价格的涨落也的确**可能**"调整到供需均衡"。但需要指出，并不是价格的涨落，**必定**可以"调整到供需均衡"。可能性不等于现实性。市场可以"调整到供需均衡"，这**是有条件的**。市场之所以可以"调整到供需均衡"，其前提是反映供给量和需要量变动的两根

---

① 王生升：《西方主流经济学的反思》，载《清华政治经济学报》第 1 卷，社会科学文献出版社，2013，第141 页。

曲线有"交点",描述两根曲线的数学方程式有解。以反映供给和需求的两根直线来说,平行线不会相交,也就是不会出现均衡点。非平行的两根直线的确一定会出现"交点",但如果"交点"不出现在"第一象限"的物理区,纯理论的数学解,就没有实际意义。

(三)

试问当今中国为什么必须制定一个保护耕地面积的"18 亿亩耕地红线"?其最基本的原因,是当前中国农民掌握的农业生产技术,只能在一亩耕地上平均生产 300 ~ 400 公斤的粮食。袁隆平的"千斤稻",并不能在所有耕地上普遍实现。而 14 亿的中国人,每年至少要消耗约 6 亿吨粮食。在中国的农业市场上,至少必须确保有 6 亿吨粮食的供给。粮食属刚性需求,反映在供需图上,需求曲线将表现为一根垂直于横轴的直线。

$$Q_D = a_D \qquad\qquad (3-1)$$

在供应量出现绝对短缺的条件下,即使"一个东西供不应求就会涨价,涨价以后供给量会增长";但如果市场能供给的粮食总量 $Q_S$ 的最大值是 $Q_0$,而且有 $Q_0 < a_D$,那么不论粮价如何高涨,其供给和需求曲线必定表现为如图 3 所示的形式。

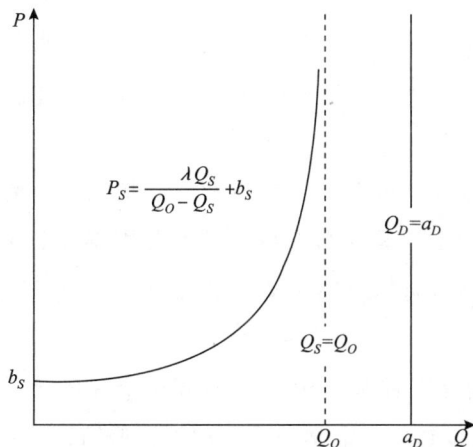

图 3　粮食短缺市场供给曲线和需求曲线示意

图 3 中直线是式(3 - 1)所描述的刚性需求 $Q_D = a_D$。而供给曲线可以表现为下列函数形式

$$P_S = \frac{\lambda Q_S}{Q_0 - Q_S} + b_S \qquad\qquad (3-2)$$

其中 $Q_0$ 是市场所能提供的总供应量,$\lambda$ 是决定曲线"斜率"大小的某一常数,在

$Q_s$ 接近于 0 的条件下，将有

$$\frac{\lambda}{Q_o} = m \qquad (3-3)$$

式（3-2）描述的供给曲线的特点是，当 $Q_s$ 的数值接近零的时候，$P_s = b_s$，即截距仍为 $b_s$，斜率仍为 $m$，而当 $Q_s$ 逐渐增长时，也就是需求量 $Q_s$ 不断增长时，市场上的价格 $P_s$ 会不断上涨，当 $Q_s$ 接近 $Q_o$ 时，$P_s$ 的具体数值会趋向于 ∞。最终供给曲线（3-2）将会以

$$Q_s = Q_o \qquad (3-4)$$

的直线为式（3-2）的渐近线，却永远不会和式（3-1）代表的需求直线相交，也就是说在"第一象限"的物理区内不会有均衡解。

（四）

粮食短缺，是否可以从国际市场买到？当然有望从国际市场买到一定数量的粮食。问题是，中国的人口是世界人口的 1/5，国际市场的粮食交易总量才约 2 亿吨，而中国的需求，至少是 6 亿吨！未来学家布朗就曾问："谁来养活中国？"

而当然，如果在未来的中国市场上农业生产技术有突破性进展：每年单位面积粮食的平均产量超过了 400 公斤，即不论出现丰收、歉收、水灾、旱灾与否，每一年都达到 400 公斤以上的平均产量，那么 18 亿亩的耕地红线，就未必不能打破。

问题是，我们的农业技术，距这一水平，还有一段长长的距离。

（五）

当然，除茅于轼教授外，坚决"反对 18 亿亩耕地红线"的还有好几位知名经济学家。为什么当今中国会出现这样一批自以为"真正懂得经济学"的"经济学家"？原因是他们不知道创新发展，只知道照搬照抄来自国外的某些经济学说——据说是"万古不变"的教条。

茅教授在 50 岁以前是工程师，50 岁以后开始研究经济学。而中国有些工程师，常常从"工程手册"上抄到一些数学公式，却不去追问这些数学公式所适用的条件。茅于轼教授在网上曾刊登过一篇文章，讨论"经济学是不是科学"。茅教授说，"经济学一门分支称为数理经济学，就是把数学引进了经济学。于是经济学就有了数学的特点，即'放之四海而皆准'，而且'万古不变'"。茅教授不理解将数学引进经济学只提供了研究的工具，却不能保证经济学的数学模型符合客观实际。但从新经济物理学来看，不能因为数学引入经济学的"后果"，就此"放之四海而皆准"，而且"万古不变"。原因是，经济学是探讨"物质之理"的科学，不是数学。

我支持陈平教授，经济学绝对是复杂性科学。经济发展本质上是均衡和非均衡

的统一。茅于轼用古典经济学简单的"供求均衡"和新古典经济学的"一般均衡"，来否定中国从长期灾荒和战争中总结出来的粮食安全政策，说明他不懂得数学模型的理想世界与真实世界的差距。科斯本人就怀疑"均衡"概念的真实性。如果茅于轼愿意研究更为符合客观现实的经济学数学模型，应该能理解粮食安全政策的理论依据。

书　评

# 当代资本主义演化的社会－历史逻辑

## ——热拉尔·杜梅尼尔、多米尼克·莱维新作《大岔路：终结新自由主义》评介 *

周思成 **

2014 年 1 月，法国著名马克思主义经济学家热拉尔·杜梅尼尔（Gérard Duménil）与其长期合作者多米尼克·莱维（Dominique Lévy）在法国巴黎出版了他们的新书《大岔路：终结新自由主义》（*La grande bifurcation*：*En finir avec le néoliéralisme*）。然而，与稍后在美国问世的法国经济学家托马斯·皮凯蒂（Thomas Piketty）《21 世纪资本论》一书的英文版引起国内外学界和社会舆论的广泛关注相比，这部著作尚未得到我国马克思主义研究者的重视和研究。哈佛大学出版社在 2011 年出版了两位作者的《新自由主义的危机》（*The Crisis of Neoliberalism*）一书，故《大岔路》易被误解为前书的法文修订版。两书的差异其实是非常明显的，《新自由主义的危机》从缜密的经验研究结论出发，更多地着眼于对 2008 年全球性金融经济危机的前因后果进行剖析（笔者已有专文阐述）；① 而《大岔路》一书则并非严格意义上的"萧条经济学"，它首先是对 19 世纪以来资本主义生产关系演化进程的社会动力学分析，也是描述资本主义如何演进到新自由主义阶段并遭遇结构性危机的较长时段历史叙事。笔者之所以在此强调这部著作的"社会－历史"向度，不仅仅是如法国年鉴学派大师马克·布洛赫（Marc Bloch）所言："对过去经验的研究，乃系一种不可或缺的操练，非如此，我们不能对历史事件的完整过程加以研究并评估其最终影响。"② 对于研究当代资本主义而言，这一历史维度虽然重要，但在笔者看来，更重要的是，该书为如何用一种发展了的马克思的历史理论或者说唯物辩证法研究当代资本主义社会提供了一个颇具典范性的分析。

该书出版之后，在西方左翼阵营中也出现了若干篇评论文章，其中最具代表性的是古斯塔夫·米塞亚（Gustave Massiah）在《可能性》期刊（2014 年春季第 3 号）发表的《核心战略问题：终结新自由主义》。可惜，在笔者看来，此篇评论更仿佛原书内

---

＊ Gérard Duménil, Dominique Lévy, *La grande bifurcation*：*En finir avec le néoliéralisme*, La Découverte, 2014.

＊＊ 周思成，中共中央编译局。

① 周思成：《霸权、金融化与新自由主义危机》，载俞吾金主编《国外马克思主义研究报告（2011）》，人民出版社，2011，第 256～275 页。

② Marc Bloch, *Mélanges historiques*, tome I, Serge Fleury, Paris：Editions de l'Ehess, 1983, p. 10.

容的逐章提要，而《大岔路》一书的主旨本也是"在诸旧中心，特别是在欧洲寻求一个积极的出路"（米塞亚语），① 并不是专为新兴经济体的读者们写的。因此，对于此书，笔者仅择其对我国马克思主义经济学研究较有新意或较富启发意义的两点内容评介于下，以就正于方家。

## 一 资本主义社会阶级的"三分模型"、"网络结构"与"合纵－连横"论

关于阶级划分与权力结构演化的理论，自 20 世纪 70 年代以来就是杜梅尼尔和莱维二人分析当代资本主义历史演化的理论建构的核心。事实上，在马克思那里，阶级理论也确是连接其历史唯物论与对资本主义进行社会学分析的中介桥梁，具有"基础性"和"涵盖性"。② 根据达伦多夫（Ralf Dahrendorf）的研究，马克思阶级理论中最具启示性之处，首先在于阶级理论主要是作为解释社会变迁的工具而存在，以社会阶级的互动和冲突来呈现人类社会，尤其是资本主义社会变迁的规律，故属"动态"的和"批判性"的，而非一套静态的固定的范式；其次，阶级虽然以生产关系或者说生产领域内的产品分配为基础，也更多地具有"政治"向度，由此，经济基础与上层建筑通过阶级的发展和运作连接起来。③ 从上述两方面出发，我们可以认为这部新作的理论架构既保持了马克思阶级理论的基本内涵和旨归，也根据当代资本主义生产力与生产方式变化的实际情况，对之进行了扩展和深化。

马克思主义经济学不能只着眼于财富的分配和消费（毋宁说，这是"食利者经济学"的特征），即便是研究分配理论，也应该"分析资本主义世界的对抗性的阶级现象，分析现在以商品经济固有的特殊形式体现出来的阶级斗争"。④ 在杜梅尼尔和莱维看来，资本主义生产关系演化过程中的一个关键，即生产的社会化。生产的社会化导致资本主义生产所要求的资本量、劳动分工和所有权结构等方面发生深刻变化，由此也产生了 19 世纪末 20 世纪初在股份制、金融资本和管理人员等方面的三大"革命"。以这一历史演化为背景，两位作者扬弃了传统的"两阶级模型"，采用了三分法来分析现代资本主义的阶级结构，即资本家、管理层和大众阶级（工人和雇佣劳动者）。两位作者在书中更是明确指出，这三大阶级同样是按照各自与生产资料发生的关系（la relation aux moyens de production）而区别开来的："资本家"是生产资料的所有者，从而

---

① Gustave Massiah, Une question stratégique centrale : En finir avec le néolibéralisme, *Les Possibles* No. 3, Printemps, 2014.

② 李英明：《马克思社会冲突论》，时报文化出版企业有限公司，1990，第 7~9 页。

③ 李英明：《马克思社会冲突论》，第 10 页。

④ 尼·布哈林：《食利者政治经济学》，郭连成译，商务印书馆，2005，第 122 页。

能够以剩余价值的形式榨取剩余劳动；"劳动者"与生产资料分离，只依照他们"劳动力的价格"获得工资；"管理层"负责生产资料的管理，参与与生产资料使用相关的决策，并在生产过程中指挥劳动者，因而也参与瓜分部分剩余价值。只是随着生产社会化进一步扩大，三大阶级中固有的异质性被凸显出来。例如，股份制公司和金融机构的发展成就了一个高居资本家阶层顶端的"金融集团（La Finance）"，而国家对自由市场关系的变化，导致公共行政部门的管理人员，与企业管理人员一样，也成了管理层的一部分。①

三大社会阶级并不是彼此孤立隔绝或是单纯的剥削 - 被剥削关系。在当代资本主义社会，特别是新自由主义的资本主义社会，它们构成了一个复杂的、立体的权力关系网络。在该体系最顶端的，是资本所有者的网络。两位作者指出："人们容易把所有权的世界想象为由各自独立的资本单位组成的一个平行序列，这是错误的，它是一个相互联系和集中化程度极高的巨大体系，且具有广泛的国际性。"② 这个所有权和控制权的网络，被描述为由不同节点（les noeuds）和纽带（les liens）构成，节点即行为主体（作为股东的单个资本家和公司），各个节点之间的纽带即所有权关系（les relation de propriété），是表现某一资本家持有某公司股票的有指向性的联系。通过对 43000 家跨国公司的所有权分布情况的经验研究（涵盖 194 个国家的近 77500 名私人股东外加500000 家公司），我们得以略窥这个巨大全球资本网络的若干结构特征：首先，该网络的核心是一个"高度关联集群"（Strongly Connected Component，SCC），其内部各个节点彼此间都有直接或间接的密集所有权关系，基本是由各大跨国公司组成，占据了统计涵盖的总经营利润的80%。其次，在这一核心集群的两翼，蝶状不对称地分布着另外两大集群，"进入集群"（IN）和"输出集群"（OUT）。"进入集群"是对前述核心集群（SCC）中的公司拥有单向所有权关系的其他个体资本家和公司，这个集群规模很小。反过来，"输出集群"是核心集群对之拥有单向所有权关系的其他个体资本家和公司，其规模巨大，显示出核心集群向外的控制力。最后，在这些大集群之外，还游离着一些与"高度关联集群"并无太多关系的边缘性的群体（T&T），总的来看，这是一个高度互联的、集中化的、不对称的网络，其重心在"高度关联集群"；从地缘和部门的角度分析，该集群显然为中心国家特别是美国的金融部门所控制。③ 从资本所有者的网络垂直向下，是管理层的网络，这个网络更多的是水平性的（horizontalité），其关

① Gérard Duménil et Dominique Lévy, *La grande bifurcation：En finir avec le néolibéralisme*, Paris：La Découverte, 2014, pp. 23 – 29.

② Gérard Duménil et Dominique Lévy, *La grande bifurcation：En finir avec le néolibéralisme*, p. 110.

③ Gérard Duménil et Dominique Lévy, *La grande bifurcation：En finir avec le néolibéralisme*, pp. 115 – 121.

键就是所谓的"连锁董事制"(le croisement des postes de direction 或 interlocking directo-rates),这使得同一管理人员(所谓内部人士)能在不同公司的董事会中任职。"我们将管理层的这些网络定性为水平性的,以便更好地与新自由主义下由所有者到管理层的垂直关系区分开来。水平性来源于连锁董事制,而不是说管理层内部没有等级梯度"。① 水平状的管理层网络与资本所有者的网络是连接在一起的,股东大会和董事会是所有者 – 管理层接触面(la interface de propriété – gestion)最关键的两个环节,在这些场域中,个人或公司所有者,由金融管理层代表,直面企业管理层。在这一垂直体系的最下方则是大众阶级(工人和雇佣劳动者)。

资本所有者网络和管理层网络的相对力量态势,在很大程度上决定了特定资本主义发展阶段的社会秩序的面貌。例如,在战后的"社会民主时期",企业间的所有权关系还是非等级性的(non hiérarchique),加上连锁董事制主导下的水平管理层网络,使得管理人员在分享信息和经验、协调决策等方面享有极大的便利;水平管理层网络的成员也可以按照自主设定的标准来评估管理绩效和决定经营战略。面对资本家和工人阶级,管理层的权能大大强化了。相反,这一格局在新自由主义时期遭到了颠覆:连锁董事制逐步退化,水平管理层网络变得愈加松散,越来越多的管理人员来自企业外部的金融机构,从而代表着所有者的利益,所有者的权力得到了极大强化。由此也形成了盎格鲁 – 撒克逊式的典型新自由主义社会秩序,其突出特征就是资本所有者(其代理人和机构网络)对管理层施加的严厉控制,实施一种新的公司治理模式以服从所有者的利益。②

不过,笔者认为最重要的还是:从解释社会变迁的马克思主义历史和阶级理论宗旨出发,三阶级模型及其构成的"垂直 – 水平"的权力关系网络,不仅适用于描述特定资本主义社会秩序的"横截面",而且蕴含着解释资本主义社会演化过程,甚至为扬弃这一生产关系寻找出路的可能性。其关键概念是阶级之间的"联盟"与"领导权"(l'alliance et le leadership)。就联盟而言,如战后"社会民主时期"的妥协是通过管理层和大众阶级之间的联盟表现出来的,这是一种"左倾"(à gauche)的联盟(借用一个中国史术语,也可称之为"合纵",略取其"合众弱以攻一强"之意)。新自由主义本身则是资本家阶级和管理层的联盟,是一种"右倾"(à droite)的联盟(我们可以同理称之为"连横",略取其"事一强以攻众弱"之意)。③ 就领导权而言,在"左

---

① Gérard Duménil et Dominique Lévy, *La grande bifurcation: En finir avec le néolibéralisme*, p. 110.

② Gérard Duménil et Dominique Lévy, *La grande bifurcation: En finir avec le néolibéralisme*, pp. 109 – 113.

③ "合纵"与"连横"被认为是中国古代战国时期纵横家主张的外交军事战略,"合众弱以攻一强"等语出自《韩非子·五蠹篇》,参见陈奇猷《韩非子集释》(下),上海人民出版社,1974,第 1067 页。

倾"的联盟中，是管理层掌握领导权，而在"右倾"的联盟中，是资本家（金融集团）掌握领导权。"合纵"与"连横"所导向的不同前景，即是本书标题"大岔路"的所指：一方面是势力强化了的管理层与资本家阶级的联盟，这导向一种企业管理自治化、经济决策集中化和限制资本家阶级高收入的所谓"新管理主义"（néo - managérialisme）社会秩序；另一方面是管理层与大众阶级的联盟，正是在这种"合纵"的可能性中，蕴含着社会解放与超越资本主义生产方式的希望，"如果在'左倾'的联盟中，大众阶级能掌握领导权，也就是说，照顾到管理层的诸多利益，但将之转化为自身的代理人，这就意味着一种'社会主义'。阶级差别暂时仍具有一定重要性……但权力将掌握在人民手中。这样一种前景是所有左派斗争的目标。"① 由此，本文开头所述马克思的阶级理论的另一重要维度，即其"政治"向度，自然而然地逐渐凸显在我们面前。

## 二　金融危机前后欧美资本主义社会秩序与阶级权力结构的变迁及前景

社会阶级的"三分模型"、"网络结构"与"合纵 - 连横"，这些本身虽然绝非先验的理论，终究是一种较为抽象的总体性模型，在多样化和瞬息万变的真实世界中，它们能从多大程度上丰富和深化我们对历史传统和地缘处境各异的特定资本主义社会的认知？再进一步追问，由这些模型出发对当代资本主义社会变迁趋势所做的前瞻性分析，又在多大程度上是有效的？这是我们从《大岔路》一书中所亟待知晓的第二个重要问题。在资本主义世界体系中，两位作者关注的主要是传统的中心国家——美国、英国和欧洲大陆（德法），它们在书中被称为旧中心（les vieux centres）。而在对这些地区的资本主义社会进行的分析中，漫长演化过程衍生出的"生态"多样性、历史的断裂性和连续性，均得到了充分的关注。其中一些内容，如 19 世纪末 20 世纪初的第一次金融霸权，战后欧美资本主义"社会民主"阶段如何演化到新自由主义阶段等，笔者在往日一些论文和书评中已做过介绍，不拟再加赘述；另外一些内容，如西班牙在危机前后的经济绩效、德法两种宏观经济模式之比较，虽极有价值，终究属于欧洲读者较为关心的具体问题，此处也只好割爱，仅就与金融危机前后欧美资本主义社会秩序与阶级结构变迁关系尤为密切之荦荦大端（也即前文强调的"政治"向度），论列于次。

两位作者认为，在美国，新自由主义的基本路线可能仍将持续。根本原因首先在于，新自由主义的逻辑在美国已经被推进到了最高阶段，尽管社会内部存在一些反抗

---

① Gérard Duménil et Dominique Lévy, *La grande bifurcation*: *En finir avec le néolibéralisme*, p. 45.

力量，但空前严厉的社会控制（涵盖警察、政治、意识形态、信息、教育和宗教等诸多领域）窒息了激进社会斗争的可能性；其次，从属于英美大资本家阶层的金融机构，控制着全球生产体系的重要部分，或者说，这一资本家阶层通过金融和非金融性跨国公司的庞大机器，掌握着全球经济霸权。虽然前景有欠光明，但最近的金融经济危机和美国世界霸权的衰落迹象或许为社会变革创造了条件。分析美国经济的发展前景，既存在不利因素（如实体经济的投资率依然低迷，大规模的分红和股票回购操作仍在继续，不断积累的外贸赤字和外部融资导致的强烈对外依赖性，等等），又存在有利因素（如低工资、劳动弹性和页岩气开发，等等）。由此看来，美国的新自由主义社会秩序仍然会得到延续，但从长期来看，由于国家机器在危机中扮演了关键的"拯救者"的角色——这与"罗斯福新政"有类似之处——又由于缺乏积极的劳工运动将这一趋势导向"左倾"的联盟，在当前阶段，通过一系列政治经济政策，如央行的积极干预，劳动市场的新一轮去管制化，实体经济的再本土化，对金融机构加以适当的监督或进一步放松管制，开发新能源，等等，美国的新自由主义很可能演化为一种"有管理的新自由主义"（le néoliéralisme administré）。①

　　从形态学的角度看，欧洲大陆的新自由主义模式与上述盎格鲁－撒克逊式的新自由主义模式有所不同。就所有权和管理层网络而言，在欧洲，管理层的水平网络并未瓦解，它甚至具有一些显著的国别特征（尤其是在德法两国），继续发挥着重要的作用；金融机构也还没有占据经济体系的最高等级，非金融企业之间的联系要相对密切一些。这些因素帮助欧洲以一种工业（及服务业）化的姿态，相对独立于金融集团，特别是美国金融资本。而经历过金融经济危机，欧洲的管理层网络非但没有解体，反而在危机中愈加巩固了；欧洲与盎格鲁－撒克逊世界的企业董事会之间的联系也变得愈加疏远，甚至有脱钩的趋势；欧洲金融服务圆桌会议（EFR）并没有取得预料中的自由化和去管制化的结果；等等，这些都是积极的因素。② 然而，作为新自由主义的亚类，欧洲经济与美国经济具有某些共同特征：投资率趋向下降，一些国家公共债务和家庭债务水平持高，经常项目赤字等。危机中的欧洲右翼经济政策与美国也如出一辙，包括紧缩政策，削弱工会组织，降低工资，削减劳工权益，不惜一切代价追求竞争力和抛弃那些基础薄弱受危机之害最深的工业部门及其工人，等等。因此，欧洲的社会秩序具有"混杂性"（hybridité）：相对于盎格鲁－撒克逊式的新自由主义，它保留了一定程度的独立自主，保留了一些管理层网络，甚至具有某些再生性的要素，可能导致对新自由主义的超越；另外，在欧洲，"工业－新管理主义的新自由主义"（例如，

① Gérard Duménil et Dominique Lévy, *La grande bifurcation：En finir avec le néolibéralisme*, pp. 153－163.
② Gérard Duménil et Dominique Lévy, *La grande bifurcation：En finir avec le néolibéralisme*, pp. 122－125.

在德国）与"金融新自由主义"（例如，在法国）之间的鸿沟是巨大的，欧洲经济体分崩离析的风险也是难以忽视的。①

对欧洲而言，如何在这一重大的历史岔路口，将社会变革引向积极的方向？这是马克思主义的阶级理论需要解决的一个"政治"问题。首先必须清醒地认识到，资本家阶层始终处于金融集团（la Finance）的核心，在资本主义的新自由主义阶段，该阶层如日中天，并与管理层特别是其高层结成盘根错节的联盟；成本最小化（包括工资、直接或间接成本，税收和环保成本）和收入最大化也始终是资本主义发展的原动力。② 因此，在可能的社会变革中，管理层将起到关键作用（le classe des cadres joue un rôle clé）。在经济危机和生态危机的双重压力下，欧洲保留甚至发展了某些具有管理倾向的特征，这为管理层掌握政治主动权创造了条件。这一政治主动权有两个向度：或是继续维持与资本家阶级的"右倾"联盟，并在这种联盟中寻找有利机会夺取领导权，从而建立一种新管理主义的社会秩序；或是与大众阶级建立一种新的"左倾"联盟。事实上，"危机动摇了（社会秩序的）诸多确定性，从而可能在有利条件下将怀疑转化为反叛。在大众阶级与'左倾'的管理层相遇时，有许多东西值得期待。这些管理人员，通过他们在价值传播体系（包括教育、信息和文化，等等）中的职能和参与，极有可能对突破新自由主义的意识形态壁垒做出重要的贡献，正是这一壁垒阻碍了庶民的复权"。③

尽管在笔者看来，作者似乎没有充分说明，"管理层"首先作为具有相同社会经济处境和客观共同利益的"自在阶级"，如何在新自由主义的意识形态霸权之下真正认识到他们联合的共同利益并愿意通过联合斗争来体现这种利益，从而成为马克思说的"自为阶级"，但两位作者毕竟指出，一方面，存在着管理层（特别是其下层）与大众阶级合作的能动性和意愿；另一方面，也就需要欧洲的左翼力量领导大众阶级义无反顾和有意识地（délibérément et sciemment）建立与管理层的联盟，即便二者之间存在利益分歧。这在本质上是一种渐进主义（le gradualisme）的路径，因为据说激进的革命道路不仅容易激起统治阶级的激烈反抗，而且往往在阶级斗争中以政治精英的胜利取代了无产阶级的胜利。④ 这样一来，"政治"问题就转化为：①如何破坏资本家阶级与管理层的联盟和金融集团的霸权？②如何避免战后社会民主主义为新自由主义取代这样一种历史重演？新书的末章提出，这需要在国内层面挑战资本家阶级的金融霸权，

---

① Gérard Duménil et Dominique Lévy, *La grande bifurcation*: *En finir avec le néolibéralisme*, pp. 161 – 168.

② Gérard Duménil et Dominique Lévy, *La grande bifurcation*: *En finir avec le néolibéralisme*, p. 174.

③ Gérard Duménil et Dominique Lévy, *La grande bifurcation*: *En finir avec le néolibéralisme*, pp. 176 – 177.

④ Gérard Duménil et Dominique Lévy, *La grande bifurcation*: *En finir avec le néolibéralisme*, pp. 174 – 175.

在国际层面上挑战以美国为首的世界霸权，这同样意味着，要授予相关国家的"管理人员"（les gestionnaires）和"政府"（les gouvernements）更大的决定权，若非如此，"左倾"的联盟不能得以从上述的双重权力体系中获得解放。相关具体措施包括：在国内层面，对非金融机构中的所有者权力加以削弱（如通过立法改变公司的治理模式，限制股东在董事会中的权力，限制分红、股票回购，重新确立管理层的报酬原则，废止以股指来衡量公司绩效，切断与避税天堂的商业联系，等等），同时对金融机构进行改革，反对股东积极主义，使金融部门重新服务于实体经济，甚至是国有化，等等。① 在国际层面，对国际贸易－货币秩序加以变革，重新界定全球化的方向，因为"急促和偏激的新自由主义的全球化，只会让全世界的劳动者彼此竞争，从而最大化最富有阶层的利益。要认识到，外围国家同样有发展的权利。在沉迷于新自由主义的全球化之外，还有其他的道路……那就是，合作和分享"。② 不过，对于"左倾"联盟的实践，最困难也是最关键点，在政治层面，也就是"民主"。须认识到，西方的民主是局限于统治阶级及其从属阶级的有限民主，但积极地看，民主国家的机构也是一个社会"场域"，这个场域是由特定社会秩序固有的妥协与统治加以建构的，是集体行动的工具。在这方面，左翼力量既不能任凭管理层从金融集团的桎梏下解脱出来后成为另一肆意妄为的统治阶级，也不能幻想纯粹由大众阶级来实施统治。关键在于，要在民主国家的机构中注入进步的方案，让管理层和大众阶级在其中各得其所，从而保证"左倾"联盟的权力资源。国家负责确定规则和政策，但与此同时，大众阶级应该为治理的方向设定一个长远的未来，也就是要超越这一妥协和联盟本身，致力于一个更加民主和平等的社会。③

---

① Gérard Duménil et Dominique Lévy, *La grande bifurcation: En finir avec le néolibéralisme*, pp. 179 - 181.

② Gérard Duménil et Dominique Lévy, *La grande bifurcation: En finir avec le néolibéralisme*, p. 184.

③ Gérard Duménil et Dominique Lévy, *La grande bifurcation: En finir avec le néolibéralisme*, pp. 184 - 185.

图书在版编目（CIP）数据

清华政治经济学报．第 3 卷／孟捷主编．—北京：社会科学文献
出版社，2014.12
　ISBN 978 - 7 - 5097 - 6769 - 6

　Ⅰ．①清…　Ⅱ．①孟…　Ⅲ．①政治经济学－文集　Ⅳ．①F0 - 53

中国版本图书馆 CIP 数据核字（2014）第 267584 号

清华政治经济学报　　第 3 卷

主　　编／孟　捷

出 版 人／谢寿光

项目统筹／恽　薇　陈凤玲

责任编辑／陈凤玲

出　　版／社会科学文献出版社·经济与管理出版中心（010）59367226
　　　　　　地址：北京市北三环中路甲 29 号院华龙大厦　邮编：100029
　　　　　　网址：www.ssap.com.cn
发　　行／市场营销中心（010）59367081　59367090
　　　　　　读者服务中心（010）59367028
印　　装／三河市东方印刷有限公司

规　　格／开　本：787mm × 1092mm　1/16
　　　　　　印　张：10.25　字　数：190 千字
版　　次／2014 年 12 月第 1 版　2014 年 12 月第 1 次印刷
书　　号／ISBN 978 - 7 - 5097 - 6769 - 6
定　　价／48.00 元